AS TRÊS MENTES
DO NEUROMARKETING

MARCELO PERUZZO

ALTA BOOKS
E D I T O R A
Rio de Janeiro, 2015

As Três Mentes do Neuromarketing
Copyright © 2013 Marcelo Peruzzo
Copyright © 2015 da Starlin Alta Editora e Consultoria Eireli. ISBN: 978-85-7608-873-8

Todos os direitos reservados e protegidos por Lei. Nenhuma parte deste livro, sem autorização prévia por escrito da editora, poderá ser reproduzida ou transmitida.

A editora não se responsabiliza pelo conteúdo do texto formulado exclusivamente pelo autor.

Erratas e arquivos de apoio: No site da editora relatamos, com a devida correção, qualquer erro encontrado em nossos livros bem como disponibilizamos arquivos de apoio se aplicável ao livro. Acesse o site www.altabooks.com.br e procure pelo título do livro desejado para ter acesso as erratas e/ou arquivos de apoio.

Marcas Registradas: Todos os termos mencionados e reconhecidos como Marca Registrada e/ou Comercial são de responsabilidade de seus proprietários. A Editora informa não estar associada a nenhum produto e/ou fornecedor apresentado no livro.

Impresso no Brasil — 1ª Edição, 2015

Produção Editorial Editora Alta Books Gerência Editorial Anderson Vieira Produtor responsável Thiê Alves	Supervisão e Qualidade Editorial Angel Cabeza Sergio Luiz de Souza Planejamento Editorial Natália Gonçalves	Design Editorial Aurélio Corrêa Captação e Contratação de Obras Cristiane Santos Marco Pace J. A. Rugeri autoria@altabooks.com.br	Vendas Atacado e Varejo Daniele Fonseca Viviane Paiva comercial@altabooks.com.br	Ouvidoria ouvidoria@altabooks.com.br Marketing e Promoção Hannah Carriello marketing@altabooks.com.br
Equipe Editorial	Claudia Braga Cristiane Santos Jéssica Reis dos Santos Juliana de Oliveira	Letícia Vitoria de Souza Mariana Baptista Mayara Coelho Mayara Soares	Milena Lepsch Nathalia Curvelo Raquel Ferreira Rodrigo Araujo	Rômulo Lentini Milena Souza
Revisão Gramatical Carlos Bacci Milian Cercal Daldegan	**Ilustrações** Cafundo Estudio Criativo	**Diagramação** Lucia Quaresma	**Imagem capa** br.123RF.com	

Dados Internacionais de Catalogação na Publicação (CIP)

P471t   Peruzzo, Marcelo.
          As três mentes do neuromarketing / Marcelo Peruzzo. – Rio de
     Janeiro, RJ : Alta Books, 2015.
          272 p. : il. ; 17 cm.

          Inclui bibliografia.
          ISBN 978-85-7608-873-8

          1. Neuromarketing. 2. Marketing - Aspectos psicológicos. 3.
     Neurociências. I. Título.

                                                        CDU 658.8
                                                        CDD 658.8

Índice para catálogo sistemático:
1. Neuromarketing   658.8

(Bibliotecária responsável: Sabrina Leal Araujo – CRB 10/1507)

ALTA BOOKS
EDITORA

Rua Viúva Cláudio, 291 – Bairro Industrial do Jacaré
CEP: 20970-031 – Rio de Janeiro – Tels.: (21) 3278-8069/8419
www.altabooks.com.br – e-mail: altabooks@altabooks.com.br
www.facebook.com/altabooks – www.twitter.com/alta_books

Dedicatória

Às minhas amadas filhas Giulia e Pietra, motivação genética e memética para estar vivo, como nunca, neste planeta Terra.

À minha esposa Márcia, companheira de luta nesta selva, onde apenas o amor pode vencer os grandes desafios da vida.

À minha mãe Lourdes, por simplesmente ser responsável por tudo que sou.

E à memória do meu pai Alberto, homem de luta, que deve estar empreendendo lá com o "Senhor Invisível".

Covalidado por:

Vanessa Remualdo Geneticista molecular Blumenau/SC	Tiago Ramos dos Santos Engenheiro Aeronáutico São José dos Campos/SP	Alessandro Ferreira Lins Gerente de Projetos Goiânia/GO	Luis Fernando Ogliari Hopperdizel Engenheiro Mecânico Porto Alegre/RS
Evelin Huttenlocher Psicóloga São Paulo/SP	Mariano Reinheimer Schopf Engenheiro Eletricista Porto Alegre/RS	Samuel Lopes Fontes Bacharel em Gestão de Cooperativas Vitória/ES	Cristina Maria de Aguiar Pastore Gerente de Marketing Curitiba/PR
Andréia Cristiane Corrêa Eguez Psicóloga Porto Velho/RO	Edi Arcas Aquino Administradora Jacarezinho/PR	Isadora Campos Empresária Maiquel Vitória/ES	Maiquel Paula da Rosa Gerente Comercial Novo Hamburgo/RS
Lorena de Castro Maia Empresária Vila, Velha/ES	Marise Bonin Krug Especialista em Marketing Campinas/SP	Elisa Costa Ferreira Rosa Relações Públicas Goiânia/GO	Aloysio Nandi Tiscoski Gerente de Trade Marketing Criciúma/SC
Wanderlei Preisler Inteligência de Mercado Rio Negrinho/SC	Mariah Dufloth Annelies Publicitária Itajaí/SC	Olaerts Hall Gerente de Marketing Denver, Colorado/EUA	José Ademar de Souza Júnior Publicitário São José do Rio Preto/SP
Jackson Neves de Andrade Diretor Executivo Belo Horizonte/MG	Rogério Laranja dos Santos Gerente de Compras Guarulhos/SP	Ivania Pacassa Contadora Chapecó/SC	Roberto Masotti Severo Psicólogo Novo Hamburgo/RS
Luana Martelli Relações Públicas Campinas/SP	Fernando Di Chiara Executivo de Vendas Curitiba/PR	Larissa Madruga Colvara de Souza Gerente Comercial Pelotas/RS	Isabella Barella Migliorini Administradora Chapecó/SC
Francielle dos Reis Vitorino Psicóloga Curitiba/PR	Thiago Correia da Silva Empresário São Paulo/SP	Mariah Rodrigues Etges Controller Francisco Beltrão/PR	Maria Eugênia Faccio Ger. Adm. Financeiro Florianópolis/SC
Cecília Fanucci Almeida Economista Bragança Paulista/SP	Cibele Fracari Cecchin Denardin Bancária e Administradora Santa Maria/RS	Edval Furieri Especialista de RH Aracruz/ES	Ricardo Prates Gerente de TI São Paulo/SP
Laércio Emerson Schneider Cortes Administrador Novo Hamburgo/RS	Fabiano Fernandes Soares Especialista em Telecomunicações Santo André/SP	Fábio Francisco Costa Engenheiro de Materiais Mogi Guaçu/SP	Alexandre Euclides Barbosa Castilho Tecnólogo Aeroespacial São José dos Campos/SP

Alexsandro Ribeiro de Freitas Representante de Vendas Porto Alegre/RS	Rafaela Klein da Rosa Personal Trainer Novo Hamburgo/RS	Gustavo de Pinho Oliveira Engenheiro Chapecó/SC	Eduardo Lourenço Silva Colunista no Ideia de Marketing São Paulo/SP
Eduardo Caetano Lemos Advogado São Borja/RS	Janaina Camelo de Carvalho Analista de T&D Sobral/CE	Kamilla Morais Severino Nutricionista Goiânia/GO	André Potier Pocrifka Administrador Curitiba/PR
Marcos Aurélio Corrêa dos Santos Professor Universitário Aparecida/SP	Marcelo Aparecido da Silva Empresário Guarulhos/SP	Marcela Ribeiro Calazans Boldt Psicóloga Vitória/ES	Janaina Patricia Perez Vieira Professora Universitária São José/SC
Fernanda Alves Rocha Guimarães Professora e Consultora de Marketing Belo Horizonte/MG	Fausto Lulio Consultor de Empresas São Paulo/SP	Alex Martins Pereira Consultor Comercial Goiânia/GO	Patrícia Marilac Melo da Silva Psicóloga Vitória/ES
Ivna Moraes Santiago Coord. de Planejamento Estratégico Brasília/DF	Bárbara Glufke Turismóloga Lajeado/RS	Gilmara Zanella Inteligência de Mercado Joinville/SC	Emerson Bastos Mello Executivo de Marketing São Bernardo do Campo/SP
Horacio E.S.P. de Lima Engenheiro Eletricista Florianópolis/SC	Cilce Fernandes Perini Administradora Caxias do Sul/RS	Luciano Borges Lopes Gerente de TIC Montenegro/RS	Maria Leonor Galante Delmas Psicóloga Rio de janeiro/RJ
Marcelo Fernando Guerra Boaratti Gerente de Negócios São Paulo/SP	Felype Amaral Peruzzo Tradutor Curitiba/PR	Luciano Guedes Diretor Geral ISBE/FGV Uberlândia/MG	Thyago Amaral Peruzzo Executivo de Neuromarketing Curitiba/PR
Elizangela Buzon Chefe de Pessoal Vila Velha/ES	Geanny Carlos de Almeida Pinheiro Técnica em Gestão de Capacitação Palmas/TO	Miguel Rivas Senior Manager Xangai/China	

Sumário

Prefácio xiii

Apresentação xvii

    Um toque de magia xvii

Introdução xxi

    A união definitiva de dois maravilhosos ecossistemas xxi

Einstein, Princesa e Macaco

1   A lógica dos três cérebros 5

    Pensar, sentir e decidir: dádivas do ser humano 5

2   O universo do Macaco 17

    A mente animal 17

3   O universo da Princesa 23

    A mente emocional 23

4   O universo do Einstein 27

    A mente racional 27

Quem manda não é o cliente, muito menos o consciente!

5   Quem manda não é o cliente! 35

    O cliente em primeiro lugar! Será? 35

BÁSICO

Neurologia básica para profissionais de marketing

6 Neocórtex.. 55

    O grande gerente do nosso Einstein................. 55

7 Estruturas inconscientes e emocionais 61

    O ponto central do neuromarketing 61

8 Genética 65

    Pelos poderes do passado, eu tenho a força.
        Ou não!.. 65

9 Memética 71

    Eu copio, tu copias e ele copia 71

10 Hormônios e neurotransmissores 77

    O comportamento químico do consumidor 77

11 Como funciona a nossa memória 81

    A estratégia é se tornar inesquecível 81

INTERMEDIÁRIO

Tecnologias aplicadas em pesquisas }de neuromarketing!

12 Atividade eletrodermal (EDA)............................... 91

    Medindo o processo de excitação pela
        condutância da pele................................. 91

13 Imagem por ressonância magnética
    funcional (IRMf) 95

    O inconsciente revelado em detalhes 95

14 Face reading 99

    As emoções reveladas na face dos consumidores........ 99

15 Perfis salivares 103

    Os hormônios em ação mercadológica 103

16 Eye tracking 107

    A verdade do consumidor está nos olhos 107

17 Eletroencefalograma
    aplicado ao neuromarketing 117

    Descobrindo os estados mentais do consumidor 117

Ensaios e reflexões sobre o mundo do neuromarketing!

18 O pão com bife 127

    Quem manda não é o consumidor 127

19 O dilema do bonde 131

    A briga da razão com a emoção 131

20 O maldito número 7 135

    A ancoragem da infância nas decisões quantitativas 135

21 Como criar um Frankenstein em neuromarketing 141

    A doce ilusão de que as partes formam o todo! 141

AVANÇADO

Pesquisas de neuromarketing em ação

22 Revelado o segredo do sucesso do Gangnam Style 155

    683 bilhões de motivos para entender o neuromarketing do Psy 155

23 O poder do verde 167

    A cor ideal para o sucesso do fast food 167

24 O poder de atração da legenda 175

    Filme legendado rouba 25% da atenção do telespectador 175

25 Compre 2 e leve 1,5 181

    A manipulação do visual merchandising nos Macacos desprevenidos 181

Metodologias para o neuromarketing

26 Matriz PC/Neuro 191

    Gerenciando a Insatisfação do Cliente 191

Case de Sucesso

27 Neurofacebook 207

    Descobrindo os estados mentais do consumidor 207

Conclusão

Abra seu coração, fortaleça sua inteligência
    e arrisque mais.. 225

Agradecimentos 229

Bibliografia 233

Índice.. 243

Prefácio

Falar de neuromarketing não é uma tarefa simples, corriqueira. Escrever sobre essa nova neurociência aplicada, muito menos. Na verdade, escrever sobre neuromarketing é certamente contestar muitos preceitos já arraigados no costume e nas práticas de marketing, é virar do avesso o conhecimento até então adquirido. E esta obra conseguiu fazer isso com maestria e da maneira mais prática que eu já pude ler.

Esta nova e intrigante ótica, a que *As Três Mentes do Neuromarketing* nos apresenta, é uma batalha para mudar 50 anos de uma visão ortodoxa e dicotômica do comportamento do consumidor, que ainda tem como base teorias e métodos de pesquisas behavioristas, que são ainda mais antigos e datam de 100 anos atrás, onde acreditava-se que apenas observando o sujeito consumidor poder-se-ia inferir e imputar ações ao seu comportamento de procura, escolha, compra e uso de um produto, um serviço ou, ainda, uma ideia.

A teoria do comportamento do consumidor até hoje na esteira teórica do behaviorismo, defende que não se deveriam estudar processos internos da mente, mas sim o comportamento, pois este sim é visível e, portanto, possível de ser observado por uma ciência positiva. Entendo que assim se posicionavam os behavioristas, inclusive Skinner — que é o grande nome dessa corrente — por um simples motivo: eles não tinham tecnologias das quais dispomos hoje para avaliar o estado interno do organismo, fundamentalmente do cérebro, que é o órgão que produz o comportamento.

Hoje, com o avanço do mapeamento cerebral e o rápido desenvolvimento da tecnologia disponível, a afirmativa dos behavioristas no que tange ao estudo do comportamento humano e de consumo torna-se, a meu ver, fortemente questionável, a medida que atualmente pode-se sim enxergar e entender as atividades internas cerebrais; o que torna a mente, que na verdade são processos físico-químicos, tão visível como o comportamento em si.

O que mais me intriga é continuar-se pensando da maneira tradicional com tantas descobertas, técnicas e ferramentas que hoje possuímos. Para mim a grande questão é: como estudar um comportamento, se o que você está observando é o próprio e não o que o causou. Parece-me uma forma de constatação do que se vê, e não de descoberta de algo novo. Apenas não desvenda-se, nesse caso, o que realmente impulsionou e gerou tal ação do sujeito consumidor.

As Três Mentes do Neuromarketing, de Marcelo Peruzzo, vem em um momento bastante oportuno, exatamente para provocar tal mudança na mente dos profissionais de marketing, dos profissionais de pesquisa do consumidor, dos estudiosos e estudantes que querem realmente seguir um caminho diferente, mas realista do agir humano. Trata-se de uma obra que provoca uma mudança radical na percepção do comportamento do consumidor.

Não há mais como julgar o comportamento de escolha e compra com uma visão binária onde existem dois tipos de comportamento: o racional e o emocional. Essa dicotomia é irreal e insólita à medida que o cérebro é mais dinâmico e ainda conta com outro fator que são os instintos, fortes impulsionadores do consumo. Precisamos de uma visão 3D do cérebro e é exatamente isso que o livro de Peruzzo faz, brilhantemente e de maneira clara.

Muito bem delineada, a obra trata da importância da análise das três camadas cerebrais, colocadas uma sobre a outra pelas mãos da evolução: o reptiliano ou complexo "R", que trata dos instintos; o sistema límbico, onde se processam as emoções; e o córtex pré-frontal, sítio da razão, do julgamento e do planejamento. E o que me encanta ainda mais é a analogia feita quando se dá o nome de Macaco, Princesa e Einstein, a cada uma destas áreas respectivamente.

Prefácio

Fato é que não somos racionais e muito menos nosso comportamento de compra é dicotômico (racional x emocional). Temos todos cérebros dinâmicos em que todas as áreas estão ativas no comportamento de consumo e em qualquer outro ato, e é certo que não agimos racionalmente sempre, muito pelo contrário. Muitas vezes prevalecem as emoções da "Princesa" e os instintos do "Macaco". Os profissionais devem ficar atentos a isso, sob pena de não entender os reais impulsionadores do comportamento do consumidor e também de perder o passo da evolução na pesquisa de marketing.

Some-se a tudo o que disse, a aplicação prática que tem este livro, ao esclarecer e explicar cada uma das tecnologias usadas nas pesquisas de neuromarketing, assim como as metodologias, as pesquisas já realizadas e também as reflexões sobre esse novo mundo da pesquisa de comportamento do consumidor.

Se eu tivesse que descrever a obra de Marcelo Peruzzo em algumas poucas palavras — uma tarefa nada fácil, diga-se de passagem — eu diria que ela é surpreendente, esclarecedora, intrigante e instigante.

Esta obra é verdadeiramente um marco nos estudos de marketing e comportamento do consumidor, no sentido de separar literalmente o joio do trigo, o que é científico do que é achismo. Uma leitura obrigatória para quem quer realmente entender o que é o neuromarketing e todas as suas possibilidades e desdobramentos.

**Pedro de Camargo,
autor e palestrante de neuromarketing**

Apresentação

Um toque de magia

Em uma bela tarde ensolarada do inverno de 2009, em Orlando, na Flórida, estava eu despreocupado na Barnes and Nobles – uma livraria –, passeando tranquilamente por suas diversas seções em busca de novidades, quando uma doce voz me chama. Olho para trás e vejo minha filha Giulia, na época com sete anos, com um livro na mão, toda feliz, falando: "Pai, encontrei um livro que você vai gostar. É novidade e é de neuromarketing.".

Eu olhei para ela e falei: "Onde você encontrou isso?". Ela respondeu: "Tava ali, Pai! Na seção de marketing, você não viu? Eu achei para você!". O livro, *Neuromarketing– Understanding the "Buy Buttons" in Your Customer´s Brain*, que recebi de presente da Giulia, mudou minha vida.

A obra-prima, escrita por Christophe Morin e Patrick Ranvoisé, é daquelas que deveriam ser obrigatórias em todos os cursos de graduação.

Esses dois gênios foram os primeiros a criar um livro de neuromarketing com uma linguagem não científica e de fácil acesso a qualquer pessoa. Não tenha dúvida de que fui literalmente contaminado por esse novo conhecimento, o qual me despertou definitivamente para o mundo do neuromarketing. Toda essa bela história foi o gatilho, pois a pólvora já estava pronta.

Desde 2004 eu vinha estudando em profundidade o gerenciamento das expectativas dos clientes e a relação desse processo no comportamento do consumidor. Em 2007, um aluno meu, José Chavaglia Neto, me enviou dezenas de e-mails e fez vários telefonemas com o objetivo de me alertar sobre o fato de que minhas teorias derivavam de uma nova linha de pensamento chamado neuromarketing. Dia após dia, Chavaglia, insistente, dizia que eu estava cego em não perceber que meus estudos eram de neuromarketing e que eu deveria dar mais atenção ao assunto, pois poderia estar perdendo uma grande oportunidade.

Pois bem, hoje agradeço a Chavaglia, por ser a minha pólvora, agradeço a Giulia, por ser o meu gatilho, e agradeço também a Christophe Morin e Patrick Renvoisé, por me ajudarem a acertar no alvo.

Desde então foram cinco anos de estudos, dezenas de reuniões, viagens e congressos internacionais, mais de R$1 milhão investidos em estrutura, equipe e equipamentos de neuromarketing para realização de pesquisas de campo e desenvolvimento de metodologias. Tudo investimento próprio, sem ajuda de nenhuma instituição. Coragem de um empreendedor por investir em algo no qual realmente acredita. Enfim, depois de um longo caminho, concluí este livro. Não foi fácil. Após escrever seis outros livros, admito que este, em especial, foi o que mais exigiu de mim. Falar de neurociência aplicada ao comportamento do consumidor, em especial ao consumo de produtos e serviços, através de uma linguagem acessível, não é tarefa fácil.

Devido à complexidade de alguns assuntos e por uma questão de organização, o livro divide-se em três grandes segmentos: básico, intermediário e avançado.

O nível básico é indicado para os iniciantes em neuromarketing. Descreve os principais conceitos de neurociências e das tecnologias usadas nas pesquisas, entre outros elementos fundamentais para quem pretende ingressar no maravilhoso mundo do neuromarketing.

O nível intermediário tem como objetivo oferecer ao leitor textos que contextualizam a aplicação do neuromarketing em diversos segmentos, usando casos reais e situações do cotidiano. Ele também apresenta os pontos de ruptura entre o marketing tradicional e as novas abordagens de neuromarketing, principalmente em relação às metodologias de pesquisas.

Por fim, o nível avançado mostra metodologias inéditas para aplicação imediata e prática em neuromarketing, bem como pesquisas realizadas pelo Ipdois Neurobusiness, trazendo pela primeira vez ao Brasil um livro com pesquisas locais, algo inédito, uma vez que a maioria das publicações gira em torno apenas da teoria ou de cases de outros países.

Para facilitar o entendimento dos assuntos e tornar o livro muito mais interativo, contamos com a participação de três personagens especiais, o Einstein, a Princesa e o Macaco, cujos questionamentos e intervenções irão refletir suas dúvidas, leitor. Muito mais que arquétipos, eles representam, em conjunto, os protagonistas de sua existência como ser humano, isto é, simbolizam seu cérebro.

O termo neuromarketing originou-se da conjunção de duas áreas até então distintas e muito complexas, a neurociência e o marketing. Não espere encontrar neste livro um mundo de termos científicos e citações técnicas. Ele é destinado aos leigos em neurociência.

Vamos dizer que respeitamos a regra 50/50, em relação ao conteúdo. Se você for um neurocientista, garanto que vai aprender muito sobre marketing. Se você for um profissional de marketing, este livro vai literalmente mudar seus conceitos.

Para terminar, um toque de magia. Em fevereiro de 2012, no primeiro Fórum Mundial de Neuromarketing, realizado em Amsterdam, na Holanda, pela NMSBA – Neuromarketing Science and Business Association, ao apresentar minha pesquisa de neuromarketing sobre o hábito de consumo inconsciente de sorvetes, estavam lá, na primeira fileira, assistindo à minha apresentação, Christophe Morin e Patrick Ranvoisé, os gurus do neuromarketing.

Coincidência ou não, deixo por conta de seu livro arbítrio. Prefiro deixar nas mãos do "Senhor Invisível". Uma coisa eu garanto: tudo que você sempre pensou saber sobre marketing e gestão empresarial sofrerá rupturas.

Definitivamente, abra seu coração, porque quebrar paradigmas seria um termo muito brando para descrever o que você lerá a partir de agora.

Introdução

A união definitiva de dois maravilhosos ecossistemas

Que momento genial estamos vivendo!

Nunca vimos tantos ecossistemas se encontrando, promovendo grandes fusões, criando novos conceitos, sistemas, modelos e, por que não, novas formas de viver e conviver.

Muitos não se acostumam com esse movimento alucinante que o mercado exige de seus profissionais e de cada cidadão, e preferem aquele tempinho no qual uma novidade demandava meses para dar o ar da graça.

Definitivamente, prefiro o mundo contemporâneo, desafiador e inovador, no qual a cada "tweet" de uma renomada universidade, um pesquisador independente ou um aluno fora do padrão desconstroem padrões de dezenas e centenas de anos. Agradeço por estar vivo, agora, nesse ambiente em grande ritmo e acelerando.

Nesse embalo de encontros e fusões, dois grandes ecossistemas se fundiram, os mundos da neurociência e do marketing.

De um lado, o ambiente científico, que estuda o sistema nervoso humano, e de outro, aquele que tenta ser científico, porém apenas retoricamente, mas que na verdade é integralmente subjetivo e intuitivo, pois depende ainda de entender o imprevisível e complexo cérebro inconsciente do consumidor.

Melhor dizendo, dependia!

A neurociência vem preencher uma lacuna escancarada existente no marketing, que é sua incapacidade de entender os estados inconscientes dos consumidores, que representam, "apenas", até 95% das decisões deles.

Centenas de metodologias são criadas, dezenas de tecnologias estão disponíveis e uma infinidade de pesquisas publicadas servindo de benchmarking, já transformam o neuromarketing em uma ferramenta real e disponível para qualquer profissional de mercado. Basta quebrar o modelo mental tradicional.

Mas o que é neuromarketing? Para Peruzzo e Chavaglia, neuromarketing é a união dos ecossistemas, neurociência e marketing, com o objetivo de mensurar os estados mentais conscientes e inconscientes do consumidor, transformando esse conhecimento em bens de consumo que curem, provisoriamente, a insatisfação do cliente, gerando um estado de fidelidade circunstancial.

Insatisfação do cliente? Curar? Fidelidade circunstancial?

Você deve estar imaginando que os autores de tais conceitos passaram em um coffee shop em Amsterdam antes de escrever o livro. Definitivamente, não. Estávamos bem conscientes quando os formulamos.

Todo cliente compra um produto apenas quando está insatisfeito. Quem oferece a cura (ou solução, para ser mais polido) é alguém, através de um produto ou serviço. A fidelidade é circunstancial, pois depende da capacidade daquele mesmo alguém em deixá-lo novamente insatisfeito, oferecer novamente a cura e gerenciar esse ciclo com inteligência. É obvio que uma hora o ciclo acaba.

Enfim, nunca um cliente é eterno, pelo menos para a maioria das empresas.

Se você acha que pode criar um conceito de neuromarketing como a Coca-Cola, saiba que se trata de algo como ganhar na loteria por duas vezes seguidas. São coisas que acontecem raramente no mercado. Foi o gênio que estava na hora certa, fazendo a coisa certa, para as pessoas certas. Precisamos colocar os pés no chão e criar metodologias e estratégias que estejam ao nosso alcance.

A esse respeito, no último capítulo do livro, você vai conhecer a Matriz PC/Neuro, um modelo de ação explicitado passo a passo.

Outro ponto que merece destaque nesta introdução é quanto ao perfil do profissional que vai praticar neuromarketing. Na verdade, há diversos profissionais envolvidos no processo de neuromarketing, como psicólogos, gestores de marketing – odeio os termos marqueteiro e marquetólogo –, médicos, neurocientistas, publicitários, comunicadores, farmacêuticos, químicos, entre outros.

E agora? Como gerenciar tantos profissionais, das mais diversas áreas do conhecimento? É complicado, eu sei. Veja, por exemplo, a atitude de profissionais de áreas diferentes em relação a pesquisas com seres humanos. Opa! Não se esqueça, o consumidor é um ser humano.

De um lado, temos a turma das ciências biológicas, que faz pesquisas científicas homologadas por comitês de ética, pois elas envolvem seres humanos.

De outro, o pessoal do marketing e da comunicação, que faz pesquisas sem nenhum tipo de homologação ou autorização de algum órgão de saúde, pois faz pesquisas com seres humanos.

Epa! Ambos fazem pesquisas com seres humanos?

Pois é, gente! Não restam dúvidas de que teremos muitas arestas a ajustar em breve. Vou defender a turma do marketing e da comunicação, que é a minha turma. Tudo bem, vamos além da conta em algumas pesquisas, que deveriam ser homologadas, mas com relação a uma pesquisa para analisar uma propaganda, usando um eye tracking, onde o cliente sequer tem contato físico com alguma tecnologia, tanta burocracia beira o exagero.

Depois de conviver, nos últimos anos, com a turma de ciências biológicas, também descobri que nem sempre o que está escrito é feito de modo literal. Não entendeu? Vou explicar. Você homologa a metodologia no comitê de ética, e, quando realiza, meu amigo, você já sabe.

Enfim, tudo está no começo, e será necessária muita paciência de ambas as turmas, pois garanto que, se houver um amplo entendimento, estaremos prestes a dar mais um grande passo rumo ao conhecimento de como realmente o consumidor pensa, sente e decide. É bom lembrar, também, que existem outras turmas interessadas no assunto, como as da psicologia, comunicação, engenharia, direito, etc.

Quanto a isso, cabe um alerta muito importante para a turma do marketing: o pessoal da neurociência está muito bem e com excelentes perspectivas.

Proponho-lhe, agora, uma questão interessante. Você já fez uma busca orgânica no Google Trends referente à palavra "marketing"?

Veja o resultado, na figura 1 a seguir, na qual a pesquisa está segmentada em nível mundial.

Figura 1: Google Trends, termo "marketing" — Global

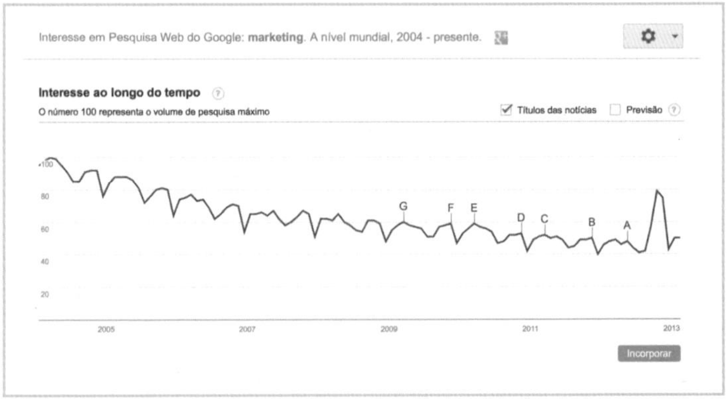

Fonte: Google Trends

Veja agora, na próxima figura, quando a pesquisa está segmentada em nível Brasil.

Figura 2: Google Trends termo "marketing" — Brasil

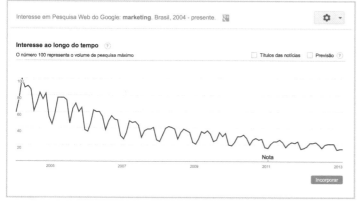

Fonte: Google Trends

Lembro que esta pesquisa de interesse da palavra "marketing" não é feita com 2.500 pessoas, com 95% de intervalo de confiança e dois pontos de margem de erro para cima ou para baixo. É feita com milhões de pessoas, a margem de erro é ZERO e a confiança é de 100%. Acorde, meu amigo, o marketing está em declínio relacionado ao interesse mundial, principalmente no Brasil.

Não se convenceu? Veja, na figura 3, o interesse pela busca do termo "neuromarketing" no mundo.

Figura 3: Google Trends termo "neuromarketing" — Global

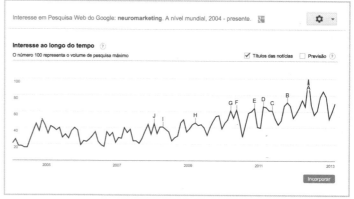

Fonte: Google Trends

Se você comprou este livro, meus parabéns. Você deu o primeiro grande passo para estar atualizado com mudanças que vieram para ficar.

E a transição entre o antigo e o novo será feita sem maiores dificuldades.

Entretanto, se você está apenas lendo a introdução, e não comprou o livro, então não tem alternativa, compre-o ou pegue emprestado de um amigo, mas, por favor, não deixe de ler e de ficar por dentro do que está acontecendo de novo nesse segmento espetacular chamado neuromarketing. É pura questão de sobrevivência.

Einstein, Princesa e Macaco

"Aquele que já não consegue sentir espanto nem surpresa está, por assim dizer, morto; os seus olhos estão apagados."

Albert Einstein

1 A lógica dos três cérebros

Pensar, sentir e decidir: dádivas do ser humano

Esquecer os fundamentos básicos do marketing e da psicologia em um livro de neuromarketing seria um grave erro, pois existe uma base de conhecimento usada com certa eficácia até os dias de hoje e que contribuiu muito para que o comportamento do consumidor seja compreendido. Porém, as novas técnicas de pesquisas que o neuromarketing oferece agregam, e muito, às metodologias tradicionais, possibilitando um entendimento não apenas do consciente, mas também do inconsciente do consumidor.

Este livro baseia-se nos ensinamentos dos autores tradicionais e consagrados da neurociência, da psicologia e do neuromarketing, com o intuito de procurar pontos em comum e proporcionar alívio aos profissionais de marketing tradicionais, ainda receosos com tantas novidades. Apesar das grandes evoluções tecnológicas existentes no mundo do neuromarketing, os princípios do comportamento do consumidor, apresentados neste livro, já são relativamente conhecidos há muito tempo. É o que queremos demonstrar neste capítulo.

Sabe-se que nosso cérebro possui uma plasticidade maravilhosa e que todas as funções cerebrais ocorrem simultaneamente. Seria absolutamente equivocado afirmar que, em certo momento, apenas uma das áreas cerebrais está ativa. Caso isso realmente acontecesse, estaríamos morrendo. Por outro lado, e por mais que existam críticos e céticos, é verdadeira a afirmação de que uma determinada área cerebral tem mais atividade do que outra, comandando, dessa forma, nossas decisões, tanto para um processo mais racional, quanto emocional ou impulsivo. Por esse motivo, torna-se mais do que oportuno conhecer e evoluir em cada teoria que colabora com a lógica dos três cérebros.

O primeiro mestre a ser citado neste livro, e com méritos, é Sigmund Freud, o criador, em 1923, do modelo estrutural da personalidade, sem dúvida um marco na psicologia moderna. Freud construiu sua teoria com base nas necessidades inconscientes, ou impulsos biológicos, principalmente os sexuais, que são as principais causas, segundo ele, da motivação e da personalidade humana.

Devemos lembrar que Freud não tinha à sua disposição a alta tecnologia encontrada atualmente para monitorar, diagnosticar e interpretar o cérebro. Todo seu estudo se baseou nas experiências e lembranças da infância dos pacientes, na análise dos sonhos e na natureza específica dos problemas de ajustamento mental e físico. Freud instituiu que a personalidade humana consiste em três sistemas interagentes: o id, o superego e o ego.

De acordo com a teoria estrutural da mente de Freud, o id, o ego e o superego funcionam em diferentes níveis de consciência. Há um constante movimento de lembranças e impulsos de um nível para o outro.

O id é o reservatório inconsciente de nossos impulsos, os quais estão sempre ativos e atentos. Focado no princípio do prazer, o id exige satisfação imediata desses impulsos, sem considerar a possibilidade de consequências indesejáveis. Para ele a sobrevivência é tudo o que importa. O id foi descrito como sendo o local dos nossos impulsos primitivos, nossas necessidades psicológicas mais básicas: fome, sede e sexo. Outro fator importante do id é a capacidade da busca da satisfação imediata, sem preocupação efetiva com os meios para obtê-lo. Podemos dizer que o sistema id é o nosso animal interior. Nesse estado, simplesmente não pensamos ou sentimos.

O superego possui uma consciência parcial e tem como função orientar o ego nas relações sociais, como família, amigos ou qualquer outro relacionamento emocional. Também é a fonte dos sentimentos de culpa e medo de punição, os quais têm como princípio a moral e os códigos de conduta obtidos pelo cidadão em seu meio ambiente, ancorados, principalmente, em crenças, grupos de convivência e cultura. Podemos entender que o superego é um moderador da personalidade, para que possamos viver de forma socialmente aceitável. O superego é o protetor do id, evitando que ele tome decisões por impulso que possam colocar em risco a personalidade do indivíduo como um todo. Não obstante, não chega a impedir a possibilidade de decisões emocionalmente equivocadas.

O ego funciona principalmente em nível consciente e pré-consciente, embora também contenha elementos inconscientes, pois evoluiu do id. Orientado pelo princípio da realidade e da lógica de entender as coisas, o ego cuida dos impulsos do id tão logo encontre a circunstância adequada. Desejos inadequados são reprimidos, como se o ego tivesse um filtro evitando o pior. Com o ego podemos controlar o superego, evitando que se torne um controlador excessivo pelo lado emocional, e, conscientemente, usar o id de forma saudável e segura.

Evoluindo nos conceitos, vamos à teoria do cérebro trino, que foi publicada detalhadamente em 1990, pelo neurocientista Paul MacLean, em seu livro *The Triune Brain in evolution: Role in paleocerebral functions*, que se tornou uma contribuição única para a neurociência. MacLean propõe que o cérebro poderia ser dividido em três cérebros diferentes: o reptiliano, o complexo límbico e o neocórtex.

O cérebro réptil, que regula os elementos básicos de sobrevivência, é compulsivo e seus impulsos são acionados em estado de alerta, medo, ameaça e perigo. O cérebro reptiliano é chamado ainda de cérebro basal, ou, como batizado por MacLean, de R-complex. Esse primeiro nível de organização cerebral é capaz apenas de promover reflexos simples, o que ocorre em répteis, por isso o nome reptiliano. Lembre-se do id da teoria de Freud e tente contextualizar com o cérebro réptil. Quanta similaridade, não é mesmo?

O complexo límbico permite que os processos de sobrevivência básicos do cérebro réptil possam interagir com os elementos do mundo externo, o que resulta na expressão da emoção geral. O instinto de reprodução, com a presença de um membro atraente do sexo oposto, gera sentimentos de desejo sexual. Esse é um exemplo clássico. A fisiologia do cérebro envolve o tálamo, hipotálamo, amígdala, hipocampo, etc. Esse complexo límbico corresponde ao cérebro da maioria dos mamíferos. O cérebro proposto por MacLean possui forte vínculo sensorial e emocional com o superego do modelo de Freud.

O cérebro neocórtex regula as emoções do sistema límbico e é capaz de entender a linguagem formal e simbólica, cálculos e a própria criatividade. Esse sistema é dividido em lobos: frontal, parietal, temporal e occipital. O cérebro racional é o que diferencia o homem/primata dos demais animais. Graças ao neocórtex, o homem consegue desenvolver o pensamento abstrato e tem a capacidade de gerar invenções. Mais uma vez, contextualizando com o modelo de Freud, o ego reparte muitas características em comum com o cérebro neocórtex.

Muitos críticos não concordam com a separação do intelecto e da emoção, por ser o cérebro extremamente plástico, e sugerem que tais teorias seriam um ato romântico de MacLean. Talvez os neurocientistas devessem ser um pouco mais romancistas, pois, ao enterrar definitivamente a teoria de MacLean, levam junto toda a base da psiquiatria, derivada da teoria de Freud. Concordamos plenamente com a plasticidade do cérebro, mas não podemos deixar de citar as importantes contribuições de Freud e MacLean à ciência e ao neuromarketing.

Depois de perceber a concordância entre as teorias de Freud e MacLean, chega a ser vibrante o fato de duas teorias, tecnicamente separadas, inclusive na linha temporal, serem tão próximas e complementares. Porém, as similaridades não acabam e agora vamos contextualizar com mais uma importante teoria comportamental.

A hierarquia de necessidades de Maslow é uma divisão hierárquica proposta por Abraham Maslow, em que as necessidades de nível mais baixo devem ser satisfeitas antes das necessidades de nível mais alto. Cada um de nós tem de "escalar" uma hierarquia de necessidades para atingir a autorrealização.

As necessidades descritas por Maslow representam um conjunto de cinco degraus na pirâmide: de autorrealização, de estima, sociais, de segurança e fisiológicas.

Inicialmente, vamos verificar as duas primeiras necessidades da base da pirâmide: fisiológicas e de segurança. As necessidades fisiológicas — qualquer animal as possui — representam a fome, a sede, o sono, o sexo e a excreção. As necessidades de segurança transitam entre a simples sensação de estar protegido dentro de uma casa e as formas mais elaboradas de segurança, como um emprego estável, um plano de saúde ou um seguro de vida.

Na antiguidade, o homem primitivo buscava segurança nas cavernas para se proteger de animais que o ameaçavam. Visualize mais uma vez a compatibilidade de comportamentos com o id (Freud) e o sistema reptiliano (MacLean). Essas necessidades fisiológicas e de segurança são encontradas nos animais. Inclusive, nos animais, medo, ameaça e perigo são os fatores que os fazem buscar sistemas de segurança, como o camaleão, que troca de cor para se esconder de um predador.

As necessidades sociais ou de amor, afeto, afeição, e sentimentos tais como os de pertencer a um grupo, possuir e manter uma família, ter um relacionamento — um namoro, noivado ou casamento, fazer parte de um clube, ser bem quisto no meio em que vive —, passam por duas vertentes. São elas o reconhecimento das nossas qualificações pessoais e o reconhecimento dos outros face à nossa capacidade de adequação às funções que desempenhamos. Em ambas é imprescindível a troca emocional, positiva ou negativa, entre indivíduos. O ser humano sozinho não consegue essa interação. Visualize agora a compatibilidade de comportamentos com o superego (Freud) e o sistema límbico (MacLean).

Enfim, a necessidade de autorrealização, em que o indivíduo procura tornar-se aquilo que ele pode, conscientemente, ser capaz. O indivíduo precisa ter pleno acesso ao conhecimento consciente para a realização desses desejos. Esta função está presente, claramente, no ego (Freud) e neocórtex (MacLean).

Claro que, atualmente, a lógica engessada de escala sequencial para cima ou para baixo não se sustenta mais. Porém, o que Maslow criou é fantástico. Caso vivesse hoje, ele perceberia que as pessoas navegam livremente por suas necessidades, sem um rígido controle hierárquico. Veja, analisando as estatísticas de quem ganha na loteria e tinha uma condição de vida de pobreza, os que, ao receber o dinheiro, disseram adeus às necessidades e à própria hierarquia, e foram direto ocupar o degrau mais elevado da escala, o da autorrealização. Não existem regras ou padrões fixos em nosso cérebro.

Por fim, Patrick Renvoisé e Christophe Morin, autores do livro *Neuromarketing – Understanding the "Buy Buttons" in Your Customer´s Brain*, demonstram pela primeira vez ao mercado o neuromarketing de forma simples, didática e prática, usando como base de seus estudos os mesmos princípios das teorias de Freud, MacLean e Maslow.

Renvoisé e Morim descrevem que o consumidor possui três cérebros, sendo eles:

- O "new brain" ou "novo cérebro", responsável pelas informações racionais e lógicas.

- O "middle brain" ou "cérebro intermediário", responsável pelo processamento de nossas emoções e sentimentos.

- O "old brain", que é o responsável pelas decisões.

Muito mais do que o desenvolvimento e evolução da lógica dos três cérebros, Renvoisé e Morin criaram uma sólida metodologia de vendas com o "old brain", o cérebro decisor. A empresa SalesBrain, gerenciada por Renvoisé e Morin, se tornou referência mundial em consultoria, treinamento e pesquisa de neuromarketing.

Enfim, depois de apresentar todas essas teorias, podemos chegar a algumas conclusões importantes, principalmente para a continuidade da leitura deste livro e seu perfeito entendimento.

Vamos recapitular, então, os conceitos. Temos um suposto cérebro que pensa, responsável pelo nosso consciente, análise, lógica e racionalidade; um cérebro que sente, responsável por nossas emoções e sentimentos, e um cérebro que decide, responsável por nossas decisões, por impulsos inconscientes e instintos.

Porém, e desculpe avisá-lo somente agora, sabemos que não é bem assim que nosso cérebro funciona. Existem momentos em que nosso potencial cerebral é mais racional, emocional ou instintivo, e que a mudança de um estado para o outro ocorre em milionésimos de segundos. Enfim, não vamos trabalhar neste livro com a teoria dos três cérebros, apesar de sua extrema importância na construção do nosso conceito, que será apresentado a seguir.

É inegável, e natural, que o público-alvo deste livro seja constituído de profissionais de marketing, comunicação e vendas. Imagino que os neurocientistas possam comprá-lo para ter conhecimento das nossas metodologias de pesquisa, questioná-las e, por que não, acrescentar algo a elas. Imagino que repetir áreas cerebrais no livro a todo o momento demandaria um excesso de apelo científico. E me desculpem os neurocientistas, seria uma linguagem chata para um público leigo e ávido por novidades.

Nosso cérebro adora o lúdico, e o uso de elementos de conhecimento prévio ajuda nossa memória no processo de aprendizado. Não tive dúvida alguma de que usar arquétipos neste livro seria a melhor estratégia para facilitar o entendimento de assuntos que derivam do básico ao complexo, no apaixonante mundo do neuromarketing.

A tarefa de criar os nomes dos arquétipos, confesso, não foi difícil, pois a representação dos comportamentos cerebrais encaixaram-se como uma luva nos nomes Einstein, Princesa e Macaco. Einstein representa a racionalidade, genialidade, criatividade e, por que não, a loucura. A Princesa, um estado emocional inconstante, alternando o fluxo de estados emocionais positivos e negativos o tempo todo. E o Macaco, um animal que apesar de ser um mamífero bem evoluído, tem comportamentos de animal, nada racional, como o macaco bonobo, que faz sexo inclusive com os filhotes. Não podemos chamar isso de um estado emocional humano, não é verdade?

As Três Mentes do Neuromarketing

Chegou a hora de apresentar os grandes protagonistas deste livro: Einstein, Princesa e Macaco.

Sejam bem-vindos!

Figura 4: Einstein

> Peruzzo, obrigado pela saudação. Apresento-me agora ao leitor. Olá, eu sou o Einstein. Um potencial mental que comanda sua racionalidade, inteligência, criatividade, entre outros processos conscientes, os quais realmente nos diferenciam dos outros animais. Lembre-se de que não sou o ego de Freud ou o apenas o neocórtex de MacLean, mas sou orientado simultaneamente pelos processos emocionais, pelo instinto animal e orientação genética.

A lógica dos três cérebros

Figura 5: Princesa

> Nossa, que emoção em estar aqui! Eu sou a Princesa. Um potencial mental emocional, que está normalmente em estado de emoção negativa, porém tenho meus momentos de alegria, felicidade e prazer também. Lembre-se de que não sou o superego de Freud ou apenas o sistema límbico de MacLean, sou orientada simultaneamente pelos processos racionais, pelo instinto animal e pela orientação genética.

As Três Mentes do Neuromarketing

Figura 6: Macaco

 Eu sou o Macaco. Um potencial mental que comanda o seu instinto, base da sua genética. Sou comportado quando o Einstein e a Princesa me orientam. Sozinho, sou capaz de fazer coisas animais, perigosas e promíscuas. Lembre-se de que não sou o id de Freud ou o apenas o cérebro reptiliano do MacLean, sou um potencial impulsivo animal, porém orientado simultaneamente pelos processos emocionais e racionais.

Nos próximos capítulos vamos conhecer o universo de cada personagem e seus comportamentos principais, pois, durante o livro, a interatividade dos mesmos nos conceitos, metodologias e pesquisas são fundamentais para o entendimento do conteúdo.

Não se surpreenda se, em muitas vezes, as abordagens aos personagens representam exatamente seu pensamento. Acredite, eles nasceram e morrerão com você e jamais abandonarão sua mente.

Assim, o uso dos personagens, no dia a dia, será inevitável.

Como pai dos personagens, ficarei muito orgulhoso com o sucesso do Einstein, da Princesa e do Macaco.

2 O universo do Macaco

A mente animal

O personagem Macaco, que o acompanhará em todos os capítulos deste livro, é muito especial, pois ele, de alguma forma, está diretamente ligado a você há muito tempo, até mesmo muito antes de seu nascimento, pois estamos falando dos nossos instintos, da nossa genética, das nossas raízes. É claro que, aos poucos, você vai conhecendo o Macaco em uma visão mais neurocientífica, mas, por enquanto, é importante conhecer seu comportamento básico para entender sua interação nos conteúdos oferecidos neste livro.

Então, vamos lá! O Macaco, por natureza, é fiel à sua espécie, apresentando um comportamento animal, nada racional. Adora viver em bandos e quando alguém o ameaça, não apenas briga, como é capaz até de matar, e sem remorso. Faz de tudo para proteger sua espécie e, principalmente, a si mesmo.

Seu comportamento é egoísta, luta essencialmente apenas por ele, e está preocupado com sua sobrevivência. É bem safado; o sexo acaba sendo a fonte primordial de sua energia vital. Basicamente, vive para reproduzir, pois essa ordem é proveniente de sua constituição genética.

Falando em genética, é importante entender que nossos circuitos neurais foram gravados e adaptados por milhares de anos, através da seleção natural. Nossos ancestrais, enfrentando e resolvendo os problemas que encontravam foram acumulando experiências e transmitindo-as de geração para geração, graças aos genes.

Existem milhares de marcadores genéticos que o Macaco traz consigo desde o nascimento. Por exemplo, o cérebro de um recém-nascido já vem preparado para reconhecer rostos, e em menos de 10 minutos após o nascimento já busca identificar sua protetora, a mãe. É algo que dá ideia da importância da genética no comportamento do Macaco.

Entre os Macacos não existem classes sociais, todos possuem as mesmas necessidades. Ricos ou pobres, precisam reproduzir, ir ao banheiro, enfim, satisfazer suas necessidades básicas.

Quando sobrevém uma situação de perigo, o Macaco, de forma impulsiva, decide fugir ou atacar para manter-se vivo. Apesar de não ser inteligente, essa decisão instintiva muitas vezes salva vidas de outras pessoas, inclusive a dele próprio.

Tenho certeza que você já teve taquicardia, ou, de repente, ficou vermelho de vergonha em uma situação constrangedora. Essa é uma condição típica do Macaco, também. Tudo que foge do nosso controle consciente, fisiologicamente, é de controle exclusivo dele.

O estado de atividade do Macaco pode variar, de mais calmo a mais excitado, dependendo de como o dia transcorre para ele. Caso receba um sinal de medo, raiva, ameaça, dor, perigo ou perceba uma situação de urgência, fica preparado para lutar com todas as forças. Vai à luta, se entender que pode enfrentar o problema, ou sai correndo, se perceber que não dá conta do recado.

O principal sentido do Macaco é a visão. Lembre-se que 1/3 do nosso cérebro é dedicado à visão. Para atingi-lo, estratégias de neuromarketing eficazes devem ser cuidadosas no aspecto visual, utilizando, principalmente, uma linguagem simples, com formas e imagens já conhecidas dele, em especial as aprendidas na infância e adolescência.

Nem tudo no Macaco, porém, é inconsequente. A vida gera aprendizado e, portanto, experiência. Quanto mais ele aprende, através de acertos e erros, recompensas e punições, mais essa experiência acumulada vai se transformando em uma vantagem enorme para sua existência. Canalizada de forma correta, tarefas que exigiam muita energia no passado passam a ser realizadas de forma automática e sem esforço adicional. Para se tornar realmente especialista em algo, capaz de executar tarefas de forma automática e com uma eficácia extraordinária, vários autores e cientistas sugerem mais de 10 mil horas de experiência em determinada tarefa.

Vamos chamar esse estado mágico de Macaco Véio. Então, seja bem-vindo ao universo do Macaco.

> Olá, Peruzzo! Obrigado pela apresentação. Mas gostaria de deixar claro que eu, o Macaco Véio, farei as considerações no livro, ou seja, serei a voz da experiência. Tudo bem que não penso e não sou racional, mas tudo que vivi, eu não esqueço. Você sabia que existem mais três tipos de Macaco?

É verdade! Temos que apresentar ao leitor os outros três Macacos, importantíssimos para o neuromarketing. São eles: o Macaco Múmia, o Macaco Zumbi e o Macaco Novo.

O Macaco Múmia representa todas as pessoas que passaram de 5 a 15 mil horas de sua vida fazendo absolutamente a mesma coisa, sem interatividade, inovação e motivação. São pessoas com fortes raízes no passado e medo de mudanças. Quando surge alguma novidade são os primeiros a ser contra. Aliás, quando temos um Macaco Véio, é importante mantê-lo atualizado, pois a falta de novas informações, em função da velocidade em que o mundo hoje gira, transforma o Macaco Véio em Macaco Múmia rapidinho.

O Macaco Zumbi é caracterizado pela ausência total da inteligência, racionalidade e lógica em suas decisões. O Einstein, nesse caso, fica dormindo no processo decisório. São representados por esse tipo de Macaco os compradores compulsivos e os usuários de drogas, de remédios em excesso ou entorpecentes. Trata-se de alvos fáceis para o neuromarketing. Os preceitos éticos devem ser o parâmetro de ação entre aqueles que têm o poder de influenciar essas mentes controladas pelo prazer e instinto, em razão das consequências que podem atingir a vida dessas pessoas.

O Macaco Novo é representado pelas pessoas que não atingiram as 10 mil horas de experiência, ou fisiologicamente ainda não terminaram a formação total do neocórtex (isso ocorre até os 24 anos de idade), área de responsabilidade do Einstein, que regula a razão. É importante lembrar que mesmo pessoas com 40 anos de idade ou mais, com o neocórtex totalmente formado, mas sem as 10 mil horas de experiência, ainda podem ser consideradas Macaco Novo, pela falta de experiência profissional e pessoal.

São dois os principais motivos para nosso Macaco representar a maioria absoluta de nossas decisões e comportamentos: a vantagem da decisão rápida e a eficiência de utilização da energia.

Quanto à decisão rápida, ela é importante para as decisões corriqueiras do dia a dia. Imagine o quanto seria difícil sua vida se você tivesse que pensar para andar, pegar um copo de água ou até mesmo dirigir. Em consequência da otimização do processo decisório, temos uma enorme eficiência no uso da energia cerebral, proporcionando menos carga de trabalho ao neocórtex, e evitando que o cérebro use energia adicional e desnecessária para resolver os problemas.

Você, ao conhecer melhor o Macaco, com certeza entenderá a importância dele, seja para o neuromarketing, neuroliderança, neurovendas ou para qualquer área da gestão empresarial, mas, principalmente, nos relacionamentos, nas decisões pessoais e profissionais, enfim, em tudo que fazemos desde que nascemos.

Lembre-se sempre: o nosso cérebro funciona principalmente no piloto automático, e isso é função e responsabilidade do Macaco.

3 O universo da Princesa

A mente emocional

O que seria do mundo sem as emoções e os sentimentos? Com certeza, não teria a menor graça. As conexões sociais, derivadas dos processos emocionais, fazem realmente o pulsar e o verdadeiro sentido de nossa vida profissional e pessoal.

Profissionalmente, nos envolvemos com os colegas de trabalho nas tarefas, nos objetivos e nas fofocas. Na vida pessoal, temos relacionamentos com a família, filhos, amigos, enfim, com todas as pessoas a quem amamos, e também com aquelas de quem não gostamos. Então, seja bem-vindo ao complexo e maravilhoso universo da Princesa.

Um ponto importante é que a Princesa não tem frescura, ou ela gosta ou não gosta, não existe meio termo.

Se você perguntar para a Princesa qual seu nível de alegria, ela vai dar risada da sua cara. Ou está alegre ou triste. Pensar que você pode estar 66% alegre e 34% triste é, desculpe, ignorância mesmo, e das grandes.

As Três Mentes do Neuromarketing

Olá! É isso mesmo! Obrigada pela introdução. Sou realmente muito sensível, entre gostar e não gostar basta um estímulo qualquer e eu mudo de comportamento em segundos. Quando o assunto é emoção e sentimento, conte comigo.

Porém, existem algumas características da Princesa que muitas pessoas desconhecem, como, por exemplo, seu estado de insatisfação padrão.

Ora, como uma Princesa pode estar insatisfeita? Sim, todos nós temos uma que está sempre insatisfeita, e justamente por isso busca movimento, motivação e satisfação.

Esse movimento da insatisfação para a satisfação foi o que realmente fez o ser humano evoluir e chegar ao lugar que chegou.

Tanto é que, se observarmos as expressões faciais da Princesa, elas podem demonstrar tristeza, raiva, medo ou nojo, que são sentimentos negativos, contra um sentimento positivo que é o da alegria, ou a surpresa, que demonstra algo novo e inesperado. Imagine se tivéssemos expressões positivas e estivéssemos sempre satisfeitos. Estaríamos na idade pedra, felizes, comendo qualquer coisa e morando em qualquer buraco.

Eu estou sempre à disposição da Princesa. Ela manda, eu obedeço.

Às vezes eu tomo algumas decisões por conta própria, mas normalmente é ela a chefe.

Quando agimos sem pensar, por pura emoção, a responsabilidade é da Princesa. Outro fator muito importante é que ela é a comandante do Macaco. Isso mesmo! Imagine um general e um soldado. A Princesa é a general e o Macaco é o soldado.

Uma Princesa equilibrada faz toda a diferença na vida das pessoas, porém, isso nem sempre é possível, devido aos problemas hormonais e da dinâmica dos neurotransmissores.

Acredite, o mundo dela é bem complexo. Talvez você esteja coçando a cabeça, imaginando onde ficam a racionalidade, lógica e inteligência. Bem, elas são responsáveis por aproximadamente 5% a 15% de suas decisões. A general Princesa e o soldado Macaco representam até 95% do que você faz e decide.

Eles comandam sua vida, sem você perceber. Isso é incrível.

Posso te confessar uma coisa? Ah! Eu vou falar de qualquer jeito. Eu adoro o Macaco, ele é meu melhor amigo e sempre me apoia, principalmente nos piores momentos.

Calma, Princesa, essa foi uma forte opinião emocional. Sei que o Macaco é seu melhor amigo, porque ele faz o que você quer, sem freio algum, mas não pode ser assim.

Precisamos também da lógica, da racionalidade e da inteligência para colocar equilíbrio nessa dupla do barulho, Princesa e Macaco. Precisamos conhecer o mais rápido possível alguém, chamado Einstein, que tente — eu disse tente — colocar ordem na casa da Princesa, claro, quando for necessário.

4 O universo do Einstein

A mente racional

Vamos conhecer um personagem muito especial, porque se levarmos em consideração que apenas os seres humanos possuem as características de racionalidade, lógica e inteligência, devemos nos sentir privilegiados de tê-lo conosco.

Diferentemente do nome Macaco, que representa o comportamento de decisão por impulso e com base no instinto animal, e da Princesa, que reflete historicamente os conteúdos emocionais, qual seria o nome ideal para representar nossa inteligência suprema no planeta Terra?

Não tive dúvida. Quero apresentar a vocês o Einstein!

Olá, Peruzzo! Obrigado pela introdução. Espero contribuir de forma clássica, teórica e sistêmica para este livro, mostrando aos leitores o lado científico do conhecimento humano, mas sem abrir mão da criatividade.

Legal! O nosso Einstein entende as causas e os efeitos, de forma racional e lógica.

Uma característica muito importante do Einstein é que ele pensa friamente nas respostas, deixando as emoções de lado. Quando o assunto envolve estruturas imaginárias como criatividade, capacidade de raciocínio, análise, intuição, linguagem verbal e capacidade de escolha, lembre-se de que o Einstein é o responsável por todas elas.

Porém, devemos deixar bem claro o maior objetivo do Einstein, que é colocar ordem na casa e impor controle em dois amiguinhos que respondem por até 95% de nossas decisões diárias, o Macaco e a Princesa.

Isso mesmo, é da inteira responsabilidade do Einstein controlar e monitorar os sistemas automáticos.

Podemos entender que o Einstein atua como um freio, um mecanismo de filtro, evitando que decisões sejam tomadas por impulso, apenas pela emoção e instinto animal.

Se eu não controlar o Macaco e a Princesa, em uma simples discussão de trânsito as pessoas podem brigar fisicamente até uma delas sucumbir. Sou eu que evito que você saia do carro e brigue com alguém. Claro que, sob efeito de drogas ou álcool, fico sem ação, e daí ninguém segura a dupla Princesa e Macaco.

Certo, Einstein. Também é importante falar dos efeitos das drogas e do álcool em você, e como as pessoas acabam sendo mais agressivas, comprando muito mais do que deveriam, se endividando e complicando totalmente suas vidas por atitudes meramente irracionais. Macaco Zumbi à solta!

E tem mais. Bastam alguns copos de cerveja e o lobo frontal sob responsabilidade do Einstein fica comprometido. Então, começa a festa, pois as pessoas ficam totalmente desinibidas, e saiam da frente, porque ninguém sabe o que vai acontecer com o Macaco e a Princesa, ambos à solta e à vontade.

O Einstein adora fazer justificativas, principalmente através do hemisfério esquerdo do cérebro, sempre tentando dar ordem e razão às coisas, mesmo quando não há nenhuma. Por isso mesmo, com a suposta inteligência racional, o Einstein, mesmo achando que está certo, continua de forma sistemática cometendo erros.

Um detalhe importante em relação ao nome Einstein. Quando decidi colocar esse nome foi uma homenagem à inteligência do ser humano. É um voto de credibilidade a todas as pessoas, mas, a bem da verdade, tem muita gente que apesar de ter um lugar especial em sua mente reservado à lógica, racionalidade e inteligência, por falta de uso e estudo não deveria ser chamada de Einstein, mas talvez de Senhor Ignorância.

Contudo, há também o outro lado da moeda. Muitas vezes não temos o conhecimento necessário para alguma tarefa, o que poderia demandar muito tempo de aprendizado. Vai aqui uma dica: Quando seu Einstein estiver cansado ou limitado, entenda que pegar o Einstein emprestado de outra pessoa pode ser uma boa alternativa.

Apesar da racionalidade do Einstein, é importantíssimo você saber que ele muitas vezes leva o crédito de forma injusta, uma vez que na maioria das vezes as ideias e soluções foram processadas pelo Macaco e pela Princesa de forma silenciosa no inconsciente, durante dias, meses ou anos, e entregues de bandeja, em algum momento, ao Einstein.

Então, quando você tiver uma ideia sensacional, não se esqueça de agradecer ao Macaco e à Princesa pelo árduo trabalho realizado durante muito tempo nos bastidores.

Estava esquecendo. Parece incrível, mas quando mentimos ou justificamos nossos erros, tais processos mentais são de responsabilidade do Einstein. Que beleza, hein!

Quem manda não é o cliente, muito menos o consciente!

"As pessoas não sabem o que querem até você mostrar a elas."

Steve Jobs

5 Quem manda não é o cliente!

O cliente em primeiro lugar! Será?

Quem nunca escutou aquela famosa e conhecida frase, que virou o chavão dos estudiosos, profissionais e admiradores do marketing. O cliente em primeiro lugar. Uma frase tão dita e repetida que nos faz acreditar que realmente o cliente tem uma força única, fundamental e especial frente ao mercado. Mas, será?

E mais uma vez temos a impressão de que o consumidor é o todo poderoso e que pode mudar o rumo do mundo, definir novos produtos e orientar as empresas com suas opiniões maravilhosas.

Mas durante a vida inteira nos ensinaram que o cliente é quem manda no mercado e que, sem a opinião dele, nada funciona!

Pois é, Macaco Véio, a neurociência demonstra claramente que até 95% das nossas decisões são inconscientes. São decisões suas de Macaco, em parceria com as da Princesa.

Se as pesquisas tradicionais possuem a limitação de acessar basicamente o consciente do consumidor, que é de responsabilidade do Einstein parece lógico que 5% a 15% do que decidimos conscientemente não é um percentual altamente relevante para entender o que os clientes realmente necessitam e desejam.

Portanto, se os consumidores não possuem acesso consciente a todos os recursos referentes às suas decisões e comportamentos, fica claro que não podem nos dizer claramente por que eles fazem e como eles fazem. Eis aqui, com certeza, um dos motivos para 80% dos produtos lançados atualmente falharem.

O resumo que temos desse cenário mostra que a regra hoje é que os produtos falham no lançamento e a exceção representa os produtos de sucesso. No mínimo, um paradoxo frente ao que acreditávamos ser a verdade absoluta pela qual as pesquisas tradicionais davam conta do recado graças à opinião magistral do cliente.

O que acontece é que ao ter contato com o mundo verdadeiro, sem máscaras, plumas e paetês que o marketing tradicional adora demonstrar, vem à tona uma realidade bem diferente da qual acreditávamos, a de um mundo de ilusão onde achávamos que os clientes de fato eram os protagonistas.

Acredite, as empresas de sucesso vencem não porque os consumidores pediram produtos ou serviços que tanto almejam, mas porque são competentes em oferecer algo que os clientes nunca imaginaram pedir.

O cliente faz parte do processo de desenvolvimento do produto, mas não é o ponto central do processo. Nossa capacidade limitada em entender o que queremos é tão óbvia que assusta ver pessoas incrédulas com esta afirmação.

Entretanto, a verdade é: quem manda não é o cliente!

Quem manda não é o cliente!

> Peruzzo, você está me desprezando. Será que não sou importante para o processo de desenvolvimento de produtos e serviços? Fui relegado a apenas 5% a 15% de todo o processo decisório do cliente. Já fui mais valorizado!

Einstein, não é por mal. Mas vamos fazer um pouco de exercício cerebral. Segundo a pesquisa de valor de marca realizada pela Brandz no ano de 2012, as marcas mais valiosas do mercado são: Apple (US$182 bilhões), IBM (US$155 bilhões), Google (US$107 bilhões), McDonalds (US$95 bilhões), Microsoft (US$76 bilhões) e Coca-Cola (US$74 bilhões).

Agora, pesquise um pouco e tente descobrir como essas empresas foram criadas. Surpresa! Praticamente todas elas surgiram graças à inteligência, intuição e genialidade de seus empreendedores, sem ajuda essencial de pesquisas de mercado segundo as quais os clientes deveriam, supostamente, solicitar que tais empresas ou produtos existissem. Vamos ao caso clássico da Coca-Cola.

Foi você que pediu para que a Coca-Cola fosse inventada? É óbvio que não. O farmacêutico John Pemberton, na cidade de Atlanta, nos Estados Unidos, em 1886, não ficou por meses enfurnado no porão de casa tentando criar um xarope com água carbonada, em vão. Sabidamente, enviava amostras do seu xarope para a Jacob's Pharmacy para testar a opinião dos clientes. Não foi o cliente que inventou a Coca-Cola, mas naturalmente ajudou a testar o produto final.

A opinião do cliente se resume, na maioria das vezes, em gostar ou não gostar, uma opinião emocional e dicotômica. Enfim, no dia 8 de maio de 1886 foi vendida pela primeira vez a bebida que hoje é sinônimo de sucesso absoluto do mercado de bebidas. A criação única e exclusiva da Coca-Cola se deve ao empreendedor John Pemberton. O cliente só ajudou, no máximo, a ajustar a criação.

> Não entendi. Se o cliente testava o produto, quer dizer que a pesquisa ajudava. Isso não seria desenvolver um produto com o auxílio do cliente?

Princesa, eu entendo sua argumentação. Estamos falando da ideia original, a concepção, e ela não nasceu do cliente.

Depois que temos a ideia de um produto ou serviço, é óbvio que devemos validá-la, seja com pesquisas tradicionais ou de neuromarketing. Concordamos que esta história de que o cliente não é o foco das atenções incomoda um pouco. A própria Coca-Cola nos oferece uma lição de como isso tem total sentido.

Em 1985, a Coca-Cola resolveu realizar uma pesquisa de mercado para conhecer as preferências dos seus consumidores, pois a Pepsi começou a ter uma participação de mercado que realmente preocupava, principalmente nos supermercados. Era necessário fazer alguma coisa para estancar o crescimento de seu principal concorrente. A decisão foi mudar o sabor da Coca-Cola.

A Coca-Cola realizou a maior pesquisa de mercado já feita na história da empresa, que durou dois anos e custou US$4 milhões antes de a nova fórmula ser definida. Um volume extraordinário de 200 mil testes para determinar o sabor do refrigerante, e adicionais 30 mil testes com a fórmula final do sabor escolhido pelos clientes. O cliente foi decisivo no teste cego. Sem saber o que estavam tomando, 60% dos consumidores preferiram o novo sabor, em lugar da fórmula original. Para validar a pesquisa, 52% o consideraram melhor do que a Pepsi. Portanto, a pesquisa foi perfeita. Era hora de matar a fórmula original e lançar a New Coke, com um gosto mais doce e suave. Usando uma estratégia de comunicação milionária, no início a New Coke teve boa saída, mas três meses após o lançamento, a Coca-Cola, agora Classic, voltou às gôndolas dos supermercados.

O número das vendas da Classic, em 1985, ultrapassava o da New Coke nos supermercados, a dois por um. Em 1987, a Coke Classic era novamente a principal marca e o líder dentre os refrigerantes dos EUA. Em 1989, a Coke Classic vendia 10 vezes mais do que a New Coke. Em 1990, a empresa mudou a embalagem da New Coke e a relançou com outro nome, Coke II. Era o fim do sensacional lançamento baseado na opinião do consumidor.

Os profissionais de marketing acreditavam que o fracasso da New Coke foi derivado da falta de percepção em relação aos sentimentos dos consumidores quanto à história, embalagem, herança cultural e imagem.

Contudo, levantamos uma questão à luz do neuromarketing. Alguém dentro da Coca-Cola colocou em questão que a imensa quantidade de sal que a Coca Cola usava na época, e ainda usa, aproximadamente 50mg de sódio em cada lata de 350ml, contra 39g de açúcar, que estimula o sistema de recompensa cerebral oferecendo prazer em cada gole, evita que você enjoe do produto e ainda sinta sede? Esse é o ponto! O fracasso da New Coke foi tirar o sódio do produto. Ficando mais doce, o cliente inocentemente achou melhor, teve mais prazer, mas no dia a dia, não consumia como antes, tinha menos sede. Sem recompra, não há volume de vendas.

Se a Coca-Cola pode cometer um grande erro em suas pesquisas de mercado, imagine uma empresa de médio e pequeno porte. Salve-se quem puder!

Existem outros casos de sucesso em que o cliente nem participou da pesquisa de marketing. É o caso do Red Bull. Aliás, quanto que o austríaco Dietrich Mateschitz gastou em pesquisa de mercado para ter a ideia desse energético? Nenhum tostão. Durante uma viagem de negócios à Tailândia, enquanto Mateschitz passeava durante sua viagem, descobriu, casualmente, um líquido que continha, entre outras substâncias estimulantes, cafeína e taurina.

Outro caso ainda mais significativo é de como surgiu o cartão de crédito Diners Club Card. Lá pela década de 1950, Frank McNamara estava comendo em um restaurante na cidade de Nova York e percebeu que tinha esquecido dinheiro e talão de cheques para pagar a conta. Foi nesse momento que ele teve a ideia de criar um cartão em que estivesse registrado o nome do dono, para que após um tempo, o dono do cartão pudesse pagar a conta.

> Vamos com calma. Se o cliente não tem condições de participar ativamente na pesquisa de um produto, quer dizer que ele pode ser manipulado e enganado também? Por exemplo, enganar o Einstein e deixar que o Macaco tome a decisão? Eu sou um animal, me movimento apenas pelo prazer e pela recompensa imediata. Isso é um perigo!

É por isso, Macaco Véio, que queremos demonstrar o quanto é importante a leitura deste livro, principalmente para o leitor ter uma visão mais clara, e por que não, crítica, das estratégias que ocorrem diariamente e que não são, necessariamente, na essência, benéficas ao mercado. O neuromarketing está em todo o processo mercadológico, porém, é de livre arbítrio o uso das ferramentas e metodologias por parte dos profissionais que dominam tais técnicas, seja para oferecer o melhor produto ou para enganar o consumidor. Duvida? Prepare-se.

Não deve ser nada bom descobrir que ao comprar um carro no Brasil, em plena vigência do período de redução do Imposto sobre Produtos Industrializados (IPI), o cliente pagou caro pelo produto.

O objetivo central da redução era estimular o mercado e ajudar a população a adquirir seu carro novo (ao menos o povo assim acreditava), e quem perdeu dinheiro no final das contas foi o cliente, aquele que sempre "manda no mercado". Na verdade, o indivíduo que comprou um carro nesse período, o fez por um preço e juros superiores quando comparados com os preços dos carros depois que a redução foi extinta. Indo diretamente ao ponto, quem comprou com redução de IPI, pagou caro. Quem esperou o fim da redução do IPI, pagou mais barato. Tem lógica? Você viu alguma reportagem falando da bobagem que o consumidor fez? Não, pois é para você acreditar que o cliente é quem manda. Aliás, nenhum cliente gosta de assumir que tomou uma decisão errada.

Não precisa ser um gênio do marketing para entender o que houve. A divulgação em massa do benefício da redução do IPI ocasionou forte elevação na procura. Fabricantes e concessionárias, para ajustar a relação entre procura e oferta, simplesmente utilizaram uma estratégia antiga chamada demarketing, através da qual foi possível ajustar para cima o preço final do produto. Com o fim da redução do IPI, a demanda se esvaziou e, para colocar o volume ofertado, ajustou para baixo o preço final do produto, porém, foi tanto, que os preços ficaram menores do que os praticados no período de redução do IPI.

E onde entra o neuromarketing nessa história? O poder do neurônio-espelho em copiar automaticamente aquilo que os outros fazem é violento, fazendo com que o consumidor tome uma decisão emocional e irracional.

O programa "Minha Casa Minha Vida" é outro exemplo sensacional. Primeiramente, devemos afirmar que a intenção do governo federal de facilitar o acesso das pessoas de baixa renda ao primeiro imóvel foi realmente boa. O problema é descobrir que o indivíduo que comprou um imóvel em meados de 2007, antes do programa habitacional "Minha Casa Minha Vida", o fez por um valor muito inferior, mesmo se comparado ao subsídio oferecido hoje pelo governo federal. Com a atual valorização do imóvel, estes compradores tiveram um lucro fantástico como nunca antes visto no mercado imobiliário.

Quem comprou pelo "Minha Casa Minha Vida" comprou um imóvel caro, sem perspectiva de lucro, mas claro, com parcelas decrescentes e que cabem no bolso. Que tínhamos um valor do m² dos imóveis defasado no mercado brasileiro, ninguém duvida, porém, com o excesso de procura e oferta de crédito, os preços de toda a cadeia de insumos da indústria da construção civil aumentaram de forma alucinante — desde o material de construção, terrenos e principalmente a mão de obra — gerando um progressivo aumento do m², a ponto de alcançar limites que, entendemos, são inviáveis para o consumidor de baixa renda.

O fato de que o metro quadrado (m²) de uma casa popular no Brasil é maior que em diversas cidades dos Estados Unidos é ridículo, principalmente quando comparamos a infraestrutura oferecida atualmente no Brasil. Sob a luz do neuromarketing, ao mesmo efeito do neurônio-espelho, soma-se a angústia e o medo do consumidor em perder uma oportunidade que se demonstrava única.

Com o estímulo do medo, nossa decisão inconsciente se amplifica. A compra é puramente emocional, nada racional. Essa é a fórmula da compra por impulso, que normalmente leva o consumidor ao endividamento.

Falando em mercado imobiliário, você acha que um corretor de imóveis falará a você que o mercado está ruim, caso esteja tentando lhe vender um imóvel? Ninguém fala mal do próprio negócio, nem você. A relação entre oferta e demanda nem sempre é tão verdadeira quanto parece.

Aproveitando o assunto, com base em projeções de mercado, realizadas pelo Ipdois Neurobusiness, vemos dois cenários para o mercado de imóveis do padrão "Minha Casa, Minha Vida", para um horizonte de seis anos. Se o Brasil crescer e se posicionar como uma grande potência econômica mundial, impulsionado pela Copa do Mundo de 2014 e pelas Olimpíadas no Rio de Janeiro em 2016, é natural que todo o contingente das classes C1, C2 e D também melhore suas condições de vida e busque um imóvel maior para que se adaptem a seu novo padrão.

Nessa situação, teremos excesso de oferta de imóveis com tamanho inferior a 80m^2 no mercado, o que fará com que a valorização esperada não ocorra e, por que não, até ocasionando uma pequena diminuição no valor do m^2. Porém, e torçamos que não, imagine que o Brasil não cresça o previsto, a corrupção continue nos atingindo como um câncer maligno, os custos e endividamento para realização da Copa do Mundo e Olimpíadas extrapolem o previsto, e entremos em uma recessão violenta. Com a falta de emprego e o endividamento de longo prazo, representado pelo financiamento dos imóveis adquiridos pelas classes C1, C2 e D, teremos excesso de oferta desses imóveis no mercado, consequentemente reduzindo o valor do m^2. Fora a possibilidade, dependendo do governo que estiver no controle das ações, perdoar as dívidas, ou ser uma estratégia de investimento a fundo perdido.

Percebeu o que acontece nos dois cenários? O valor do m^2 dos imóveis do programa "Minha Casa, Minha Vida" vai se estabilizando e, em seguida, ajusta-se para baixo. Previsão é previsão, basta aguardar para ver o que vai acontecer. Mas se você tiver uma intuição forte, quem sabe ajudamos a entender qual será seu melhor investimento no futuro.

Voltando aos paradoxos do consumidor, quem diria, um dos principais estímulos de uma mulher ao comprar cosméticos não é derivado de sua necessidade de ficar linda e cheirosa, mas de um impulso cerebral derivado do medo de ficar feia e não ser aceita pelo padrão de beleza estabelecido pela sociedade, ou não ser aceita pelo macho alpha. Dureza ler isso! Basta estudar antropologia, e tudo fica claro.

Não é bem assim. Eu compro produtos para ficar linda e não me incomodo com a beleza das outras mulheres. Isso não tem lógica nenhuma. Imagina se eu compro só porque vejo na propaganda uma mulher bonita. Que absurdo!

Quanta ingenuidade, Princesa! Tente fazer uma propaganda de cosméticos com mulheres fora do padrão de beleza estipulado pelo próprio mercado, depois veja o fiasco de vendas. Isto se chama neurônio-espelho, e aprenderemos nos próximos capítulos como ele muda o comportamento das pessoas. Em resumo é a seguinte regra: eu copio aquilo que gosto. Eu fujo daquilo que não gosto. Ao ver uma mulher feia, o que você faz?

Na área de tecnologia não é diferente. Foi muito curioso o fato dos maiores especialistas de tecnologia usarem sua inteligência e experiência para decretar a morte anunciada do iPad, mesmo antes do lançamento no primeiro semestre de 2010.

O que aconteceu? Todos erraram.

Qual foi a lógica e critério para ter esta previsão absolutamente equivocada, mesmo sendo de especialistas da mais alta qualidade, acadêmica e mercadológica? Acho que precisam entender um pouco mais de Neuromarketing.

Separamos algumas previsões absurdas, selecionadas pelo site Business Insider, feitas no lançamento do iPad. Confira:

- Randall Kennedy (InfoWorld) | "Acreditar que a Apple possa ser bem-sucedida onde todos falharam é ignorar pontos fundamentais da computação."

- Paul Boutin (VentureBeat) | "Tablets vão fracassar em se tornar a próxima sensação."

- Donovan Colbert (TechRepublic) | "Acho que o iPad vai ser reconhecido como o Apple TV – um produto que Jobs deveria ter deixado na prancheta."

- Charlie Sorrel (Wired) | "Mas o que Steve Jobs nos mostrou ontem era, na verdade, pouco mais que um iPhone gigante."

- Jason Cross (PCWorld) | "Se a Apple quiser mudar o mundo com o iPad e popularizar uma nova categoria, ela vai precisar fazer melhor."

- Jeremy Keplan (FoxNews.com) | "Chame-o de iPad ou iPlod, a mensagem é clara: a Apple perdeu sua magia."

- Dan Frommer (SAI) | "Fãs da Apple esperando pela próxima revolução – ou deverão ficar desapontados."

Contra tudo e todos, os números atuais do iPad são bem diferentes das previsões negativas dos especialistas. No primeiro semestre de 2011, o saudoso Steve Jobs demonstrou o resultado do primeiro ano do iPad, contabilizando 15 milhões de iPads vendidos apenas na primeira versão, 90% de market share do mercado de tablets e disponibilidade de 65 mil aplicativos. Um sucesso único no segmento de eletrônicos. Hoje esses dados já estão obsoletos e o iPad, em suas novas versões, inclusive o iPad mini, são um sucesso inegável.

Sabe por que os especialistas erraram? Acreditam demais em sua inteligência e não levam em consideração o gerenciamento de expectativas, principalmente de um lugar especial no cérebro chamado núcleo acumbente, responsável pelo nosso sistema de recompensa cerebral. A Apple é especialista em gerenciar nossas mentes, sempre oferecendo no momento certo o estímulo de produção da dopamina, neurotransmissor do prazer, nos tornando clientes fiéis à marca da maçã. Em suma, por que oferecer tudo que o cliente quer se posso oferecê-lo aos poucos, em cada versão do produto, fazendo com que o ciclo de vida do produto seja muito maior? Ofereça tudo de uma vez e mate seu produto de sucesso na primeira versão. Não é mesmo, Nokia N95?

Não poderia deixar de citar que, no segundo semestre de 2013, as vendas de Tablets passaram as de notebooks. Pobres especialistas, erraram além da conta!

Por que será que 80% das pessoas que investem na bolsa sempre perdem, e acabam oferecendo aos 20% restantes, lucros sensacionais? Puro desconhecimento mercadológico, acreditando em tudo que se vê, ouve ou lê. Mais uma vez o neurônio-espelho e a decisão emocional. Quando o presidente de uma empresa de capital aberto concede uma entrevista otimista e com tom vendedor, atenção redobrada, pois alguma coisa está acontecendo e pode não ser positiva. Ninguém faz relações públicas de repente sem uma estratégia implícita, seja para demonstrar uma oportunidade, ou quem sabe, esconder um grande problema.

Os sites que prometem descontos através de compras coletivas não deixam por menos. Realmente são mania no Brasil e no mundo. Que tal descobrir que na maioria das ofertas, na verdade, quem ganha é quem vende, e o desconto que o cliente recebe muitas vezes é pouco expressivo, principalmente quando é estimulado a comprar algo que nem precisava, colocando o sentido de urgência aguçado em seu cérebro decisor e irracional.

Peruzzo, então parece que ninguém tem consciência e inteligência. Todo mundo é vítima do Macaco e toma decisões por impulso. Ou será que existem estratégias para me deixar de lado no processo de decisão?

Einstein, você acertou em cheio. Claro que quanto menor o conhecimento e acesso à informação, mais as pessoas ficam suscetíveis às estratégias focadas para o Macaco.

Porém, até um PhD em qualquer coisa, através de uma estratégia bem elaborada de neuromarketing, vira um Macaco Zumbi rapidinho.

Mais uma provocação. Lembra-se do produto que você comprou por telefone, depois daquele comercial na televisão que beirava a lavagem cerebral oferecendo aquele produto que salvaria sua vida? Então, boa parte desses produtos chega à casa do consumidor e nem são usados. Sabe por que isso acontece? Porque o prazer do produto e sua consequente distribuição de dopamina não ocorreram no uso dele, mas no momento da compra pelo telefone. Colocaram tanta urgência, que você sentiu medo de não ter o produto, e se tornaria o pior de todos se não o comprasse. Quando comprou, deu-se liberação de dopamina em seu cérebro, e o sentimento de dever cumprido.

Para piorar, pessoas tristes ou até em estado de depressão, com baixo nível de serotonina, neurotransmissor do bem-estar, estão muito mais propensas a comprar por impulso, tentando enganar o cérebro, oferecendo um pouquinho de dopamina para diminuir o estado depressivo, nem que seja por alguns minutos. O problema é que a dívida do cartão de crédito, que fica em decorrência das compras por impulso, não oferece prazer, mas uma dor de cabeças daquelas.

As altas tecnologias envolvidas nas estratégias de neuromarketing estão cada vez mais sofisticadas, e agora, sem a ilusão de que é o cliente quem manda, é hora de entender que a opinião do consumidor é apenas uma parte do processo de decisão, importante sem dúvida, mas não essencial.

A oferta possui mecanismos poderosos para orientar a decisão do cliente. É como se fosse um grande sistema de informações que pudesse gerenciar nossas preferências e, de alguma forma, orientar nossas escolhas diárias, desde um simples cachorro quente na esquina, até mesmo a compra de um automóvel ou imóvel. Quanto mais a oferta conhece nossa mente, maior é o controle dela em nossas decisões.

Muitos pensam que tudo isso é um absurdo. Depende. O que as pessoas farão com todas as informações deste livro, seja para vender ou comprar melhor, devem ser de sua responsabilidade. Uma dica. Por que não usar para os dois motivos, pois quem compra melhor tem controle sobre o seu dinheiro, e naturalmente tem uma vida financeira equilibrada. E quem vende melhor, ganha mais e, naturalmente, terá controle sobre seu negócio, principalmente num momento global onde a competição é muito acirrada. Mas, claro, dentro do possível, não se esqueça dos limites éticos que envolvem essas técnicas.

Se você não reconhecer alguns dos termos que, de forma proposital, foram utilizados neste capítulo, como dopamina, serotonina, sistema de recompensa cerebral, neurônio-espelho, entre outros, é de fundamental importância a leitura dos próximos capítulos. São pontos básicos e fundamentais ao entendimento das estratégias do neuromarketing, elaboradas por empresas que estão revolucionando a forma de conduzir produtos e serviços ao mercado.

Bás

ico

Neurologia básica para profissionais de marketing

"Definição de cérebro: um aparelho com o qual pensamos que pensamos."

Ambrose Bierce

6 Neocórtex

O grande gerente do nosso Einstein

O neocórtex é, sem dúvida, a área mais importante do cérebro humano, justamente por diferenciá-lo dos demais animais. Na verdade, no processo evolutivo do cérebro, tornou-se a região mais evoluída de todos os mamíferos, tanto que um grande neocórtex distingue-os de todos os outros animais, como répteis e aves.

Porém, o neocórtex humano é tão grande que cobre completamente todo o resto do cérebro — com exceção de um pouco do cerebelo, que se encontra na parte de trás do cérebro —, e possibilita atividades mentalmente complexas, as quais associamos apenas ao ser humano. Uma característica interessante do neocórtex são suas rugas e sulcos, pois essas dobras servem justamente para aumentar a área do neocórtex.

Rapaz, por acaso o crânio tem alguma interferência nas dobras? É muito feio de ver.

Claro. Justamente por existir uma pressão contra o crânio, que no crescimento do cérebro faz com que apareçam tais dobras. Se o neocórtex humano fosse liso seria enorme, então, é obvio que uma massa dessa grandeza não caberia dentro de um crânio sem alguma dobra. Se você acha feio com essa proteção do crânio, imagina sem. Melhor nem imaginar. Apenas os ratos e pequenos mamíferos possuem o neocórtex liso. Nos humanos ele representa aproximadamente 76% do volume do cérebro, além de possuir aquela cor avermelhada bem característica.

O mais importante é você entender que o neocórtex é o controlador, o grande gerenciador do cérebro. Ele permite um nível de comportamento avançado, especialmente o comportamento social, além da capacidade de análise, da linguagem e do alto nível de consciência.

O neocórtex é dividido em quatro lobos principais: frontal, parietal, temporal e occipital (Figura 7).

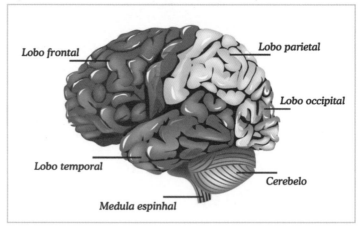

Figura 7: Lobos cerebrais, cerebelo e medula espinhal

Fonte: http://www.123rf.com/photo_13524635_illustration-of-parts-of-the-brain.html • images • 123RF Stock Photo

O lobo frontal está localizado na parte da frente do crânio. A porção mais anterior do lobo frontal é chamada córtex pré-frontal, que toma a maior parte do lobo do ser humano. Ele tende a ser maior em primatas do que em outros mamíferos, e, naturalmente, maior ainda nos seres humanos. Isso se refere à quantidade de planejamento e consciência elevada que os seres humanos possuem. Até porque a maioria dos mamíferos segue o instinto e não vive em grupos sociais diferenciados de forma complexa. Já os primatas possuem hierarquias complexas entre o sexo masculino e feminino.

Os seres humanos podem modificar seus ambientes, em busca dos próprios objetivos e ter relações com centenas de outras pessoas, em um controle consciente e complexo da vida social.

O lobo parietal fica atrás da fissura central do córtex e possui neurônios que recebem informações sensoriais da pele e da língua, além de processar informações sensoriais dos olhos e dos ouvidos.

Os principais fatores de produção sensorial a partir da pele (tato, temperatura, receptores de dor) são retransmitidos através do tálamo para o lobo parietal. Essas funções sensoriais são importantíssimas, principalmente na pele, pois para uma simples tarefa como amarrar o sapato com um nó, você precisa de alta sensibilidade ao toque e orientar o controle motor para executar a atividade com eficácia.

O lobo occipital fica na parte de trás do cérebro. Essa área processa a informação visual que é enviada ao cérebro através das retinas. O lóbulo occipital possui muitas áreas descritas como V1, V2, V3, V4, assim por diante, todas quase inteiramente dedicadas ao processamento da visão, como a detecção de cores, movimento e percepção de profundidade. O fato de o sistema visual ter um lobo dedicado a tal atividade demonstra a importância do processo visual na vida dos seres humanos.

O lobo temporal combina informação auditiva e visual. A face superior e medial central superior do lobo temporal recebe entrada auditiva a partir da parte do tálamo, que transmite informações a partir das orelhas. A parte inferior dos lobos temporais faz o processamento visual para objetos e reconhecimento de padrões. As partes medial e anterior do lobo temporal estão envolvidas também no reconhecimento das faces.

Existem algumas terminologias importantes de como o neocórtex é dividido. Para entender melhor esta divisão vamos conhecer as seguintes posições do neocórtex: dorsal, ventral, anterior, posterior.

Eu preciso saber disso. Parece muito complicado. Por favor, explique de uma forma fácil.

Não é difícil, apenas os nomes assustam um pouco. Dorsal é a parte superior do neocórtex, ventral é a parte inferior, bem mais profunda, próxima a outras áreas do cérebro, com o sistema límbico.

Anterior refere-se à parte da frente do neocórtex. Imagine sua testa. E posterior é a parte de trás do neocórtex. Alguns estudos ainda usam os termos rostral para anterior e caudal para posterior.

Parabéns, Peruzzo. Essa é apenas uma base, mas o nosso leitor, que está querendo se especializar em neuromarketing, pelo menos não vai mais passar vergonha ao participar, por exemplo, de um fórum neurocientífico. Parece fácil, mas não é.

Não podemos também deixar de falar dos hemisférios do neocórtex: o cérebro é composto pelos hemisférios esquerdo e direito.

O hemisfério esquerdo é o que controla o lado direito do corpo. Este hemisfério também é especializado na linguagem e no raciocínio baseado em regras e habilidades analíticas.

O hemisfério direito controla o lado esquerdo do corpo e é melhor em reconhecimento dos padrões visuais e da percepção.

Os dois hemisférios são conectados pelo corpo caloso, que contém mais de 200 milhões de fibras. Sabemos que usamos ambos os hemisférios para praticamente todas as tarefas, e que mesmo que o hemisfério esquerdo seja usado para tarefas orientadas, como pensar em uma nova estratégia para vencer um jogo de videogame, também envolve a criatividade.

Porém, muitos neurocientistas e profissionais de psicologia usam algumas especificidades de cada hemisfério do cérebro para desenvolver programas de treinamento e desenvolvimento, uma vez que é forte a indicação de que as pessoas exercitam um hemisfério mais do que o outro, sem falar, é claro, das orientações genéticas.

Enfim, os estudos de dominância dos hemisférios sugerem estas características (Figura 8):

- Hemisfério esquerdo: realista, lógico, dissociativo, cognitivo, analítico, reprodutivo, consciente, aritmético, concreto e prático. Relacionado à análise em partes, lembrança e associação ao passado e presente.

- Hemisfério direito: fantástico, analógico, associativo, intuitivo, sintético, criativo, inconsciente, geométrico, mágico. Relacionado à análise do todo, ao planejamento e à associação com o futuro.

Figura 8: Características dos hemisférios direito e esquerdo

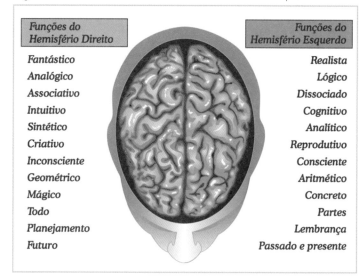

Fonte: http://www.123rf.com/photo_13322375_human-brain-left-and-right-functions.html • medusa81 123RF Stock Photo

As Três Mentes do Neuromarketing

Einstein, você gostaria de falar alguma coisa neste momento especial de apresentação do neocórtex?

É claro. Apesar do meu estado mental, de compor dentro da plasticidade cerebral todas as áreas e funções, é no neocórtex onde minha atividade se torna muito mais presente. Porém, é necessário apresentar uma área muito especial, que faz conexão de todas as vias sensoriais do cérebro, o tálamo.

Perfeito, Einstein, mas o tálamo merece uma atenção toda especial, e na sequência vamos falar da importância dessa central de comunicação do cérebro e de todas as funções inconscientes e emocionais.

7 Estruturas inconscientes e emocionais

O ponto central do neuromarketing

Você já viu a importância do neocórtex para o cérebro, principalmente porque ele, literalmente, interage com todo o sistema nervoso central e periférico.

Entretanto, chegou o momento de conhecermos as estruturas que demonstram a importância dos nossos personagens, Princesa e Macaco, para o estudo do neuromarketing.

Claro que existem dezenas de estruturas importantíssimas a serem exploradas, mas vamos nos ater às principais, que efetivamente um gestor de neuromarketing tem a obrigação de entender, principalmente na hora de contratar consultorias especializadas, aplicar tecnologias existentes e, naturalmente, desenvolver uma linguagem neurocientífica mínima para entender esse fascinante e maravilhoso novo mundo do neuromarketing.

A primeira e importantíssima estrutura, na qual vamos nos aprofundar, é o diencéfalo, uma parte do cérebro localizada abaixo do neocórtex que é formada pelo tálamo e hipotálamo.

O tálamo tem uma tarefa vital para nossa sobrevivência, pois é a central de comunicação do cérebro. Ele recebe todos os estímulos sensoriais e emocionais, depois os distribui para todo o cérebro, principalmente para o neocórtex. Não é a toa que a palavra tálamo vem do grego *tholos*, que significa porta de entrada. O mais sensacional do tálamo é que além de receber estímulos externos, é usado por muitas áreas do neocórtex para se comunicarem.

> Não esqueça que a função do tálamo é algo de minha responsabilidade. Também não é por acaso que a maioria das nossas decisões tem característica emocional e a participação do tálamo para o direcionamento dos estímulos recebidos é de fundamental importância para entender as estratégias de neuromarketing.

Tudo bem, Princesa, concordo que o tálamo é de sua responsabilidade, mas o Einstein e o Macaco dependem de forma vital do ótimo funcionamento dessa estrutura. Por favor, cuide muito bem dele, Princesa. Para você ter ideia, caso o tálamo tenha alguma deficiência as pessoas perdem totalmente a consciência.

Não podemos esquecer que o hipotálamo controla a temperatura do corpo, a produção de hormônios e também os batimentos cardíacos, além de fazer a ligação entre o sistema nervoso e o sistema endócrino, atuando na ativação de diversas glândulas. Quando o assunto é regular o apetite, o sono e o comportamento sexual, o hipotálamo entra em ação.

> Legal, agora é comigo. Quando eu recebo essas informações do hipotálamo, coloco o Macaco para funcionar.

Isso mesmo, o Macaco é quem controla o sistema nervoso periférico. Por exemplo, através da condutância de pele (temperatura da pele), podemos entender as alterações emocionais relativas à atividade do hipotálamo.

Estruturas inconscientes e emocionais

Há, ainda, uma área muito importante no processo de comunicação entre a Princesa e o Macaco, que é a amígdala. Por favor, não confunda. Esta nada tem a ver com a amígdala que se localiza na encruzilhada entre a boca, o nariz e a garganta, a qual se chama tonsila. A amígdala do cérebro está envolvida diretamente com o processamento emocional, e interage, em especial, com o córtex pré-frontal para gerar e processar as emoções. Sentimentos como raiva, felicidade, desgosto, tristeza e, principalmente, o medo, estão relacionados diretamente com a atividade dela. Caso as pessoas sofram danos nas amígdalas, uma para cada hemisfério, terão reduzidas suas habilidades para reagir ou evitar situações de medo.

Também temos próximo a esse sistema o hipocampo, responsável pelo armazenamento das memórias de longo prazo. O hipocampo recebe informações de praticamente todo o neocórtex.

Você viu a importância do tálamo e do hipotálamo, bem como das funções da amígdala e do hipocampo? Então, essas áreas fazem parte de um sistema conhecido como sistema límbico, existente basicamente em todos os mamíferos, e que provavelmente existiu até nos dinossauros. O sistema límbico evoluiu nos humanos incorporando a memória para controlar o comportamento global através do hipocampo e da amígdala. A adição dentro do sistema límbico da memória do passado e das experiências passadas nos leva a tomar decisões por puro instinto.

Caramba, agora eu aprendi de onde vêm os comandos para que eu execute. Esse tal sistema límbico é poderoso!

Então respeite a Princesa, porque ela é quem controla essa turma toda. Mas não vou deixar você de fora, Macaco. Vamos conhecer algumas áreas importantíssimas e que estão sob sua responsabilidade, como as estruturas cerebrais subcorticais, cruciais no planejamento, organização e execução de movimento, que são conhecidas como gânglios da base. Essas estruturas estão altamente ligadas ao tálamo para controlar o comportamento e funções como o controle motor, a cognição, as emoções e o aprendizado.

Os gânglios da base possuem vários núcleos, mas vamos destacar a substância negra, que é responsável pela produção da dopamina no cérebro, um neurotransmissor que provoca o prazer no ser humano e, consequentemente, é importante no processo de recompensa e vício. Promover a produção de dopamina se torna um dos principais objetivos das estratégias de neuromarketing. Por exemplo, um alimento rico em glicose, gordura e sódio torna-se um gatilho para que esta área produza dopamina. A substância negra também faz parte de um importante complexo cerebral: o mesencéfalo.

Rapaz, ouvi dizer que esse sistema, o mesencéfalo, está sob minha responsabilidade, e que tem várias funções e subsistemas. É verdade?

Macaco Véio, mas neste livro não vamos nos aprofundar nessas áreas. Fica a dica para o leitor buscar mais informações sobre esse sistema.

Outra estrutura ligada ao comportamento do Macaco é o cerebelo — termo que vem do latim e significa pequeno cérebro. Ele é o responsável pela coordenação motora, equilíbrio e movimentos voluntários. É formado por dois hemisférios, conhecidos como hemisférios cerebelosos.

Dependemos, e muito, desse sistema para andar de bicicleta, jogar futebol ou vôlei, correr e pular. Para finalizar, quem diria, o cerebelo humano está envolvido em funções cognitivas de grande complexidade, como é o caso do processamento musical.

Que bom! Isso significa que não sou tão burro assim. Presto para alguma coisa!

Macaco Véio, não seja assim, lembre-se de sua origem. Mais de 10 mil horas de experiência. Essas áreas são fundamentais na formação de sua existência. Sem elas, nada de Macaco Véio.

8 Genética

Pelos poderes do passado, eu tenho a força! Ou não!

Fazer nascer! É o significado da palavra grega *genno*. Ao fazer nascer, temos traços biológicos e comportamentais derivados de uma força muito forte, que é a genética. William Bateson, em abril de 1908, foi o primeiro a usar o termo para descrever o estudo da variação e da hereditariedade.

O estudo da genética nos permite compreender a essência de nosso comportamento enquanto ser biológico.

Qual a influência da genética no neuromarketing? Você não acha que já está mexendo com algo muito superior, tipo, brincando de Deus?

Princesa, Deus é importante para todo mundo e, não à toa, é você quem gerencia essa crença no cérebro das pessoas, inclusive a minha.

Mas o que estamos falando aqui é científico, e graças às informações genéticas podemos salvar vidas e proporcionar melhor qualidade de vida para as pessoas.

Conhecer nossa essência e a própria evolução é algo fascinante. E o estudo do ácido desoxirribonucleico, mais conhecido como DNA, permite uma viagem fantástica a esse mundo sem limites. Graças ao mapeamento do DNA, é possível uma investigação regressiva de até 150 mil anos, pois antes disso as linhas genéticas ancestrais desaparecem.

> Então quer dizer que eu posso saber de onde são meus parentes mais remotos. De onde veio a macacada?

Claro! Por exemplo, eu, Marcelo Peruzzo, no meu exame de mapeamento genético realizado pela empresa 23andme, fiquei sabendo que minha composição ancestral é 99,7% europeia, além de conhecer as probabilidades que eu tenho de contrair centenas de doenças. Isto é uma revolução.

> Peruzzo, você poderia dar uma breve explicação do que é a genética?

Com o maior prazer. Tudo começa com a célula, que é a estrutura mais básica do corpo. O nosso corpo tem aproximadamente 50 trilhões de células, e elas possuem diferentes funções. Os genes estão situados no núcleo das células, e cada uma delas possui em média 20 mil genes os quais possuem pequenas partes, que podemos chamar de DNA, ou ácido desoxirribonucleico.

> Caramba, então deve ser impossível ver o DNA. Se uma célula já é microscópica, imagine ele.

Vou mais além, se você pudesse deixar os dados coletados de seu DNA um após o outro, teríamos seis metros de comprimento de dados, e, veja a mágica da natureza, ele cabe em apenas uma célula.

Genética

A base do DNA, formada de açúcar e fosfato, é chamada de nucleotídeo. Os nucleotídeos possuem um formato diferenciado, organizados por dois fios longos, em formato de espiral, chamada de dupla hélice. Imagine uma escada toda torta e retorcida (Figura 9). Os degraus da escada são formados pelos pares de bases e os lados da escada são formados por moléculas de açúcar e de fosfato.

Figura 9: Dupla hélice

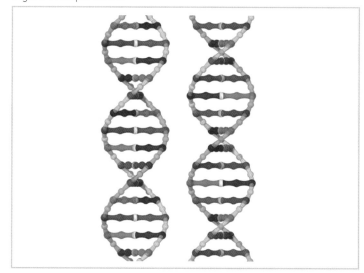

Fonte: http://www.123rf.com/photo_12477612_dna-helices-isolated-on-a-white-background.html • kornilov14 • 123RF Stock Photo

O que são os pares de bases do DNA?

São as famosas letrinhas que você vê em uma sequência genética. O DNA contém quatro bases químicas: Adenina (A), Guanina (G), Citosina (C) e Timina (T).

O DNA, em seres humanos, contém cerca de três bilhões de pares de bases químicas, que descrevem a linguagem particular de nosso código genético. Quando você faz uma análise genética humana, as letras A, G, C e T sempre estarão presentes.

Que privilégio o ser humano tem em possuir esse tipo de código?

Ser humano? Macaco Véio, praticamente tudo tem DNA. Eu, você ou uma maçã.

Mas não paramos por aí. Cada gene é formado por cromossomos, ou melhor, por um par de cromossomos.

As Três Mentes do Neuromarketing

Os seres humanos possuem 23 desses pares, os chimpanzés possuem 24 pares, os macacos têm 21 pares, as vacas, 30 pares, as galinhas têm 39 pares, e as bananas possuem 11 pares de cromossomos. E o mais intrigante: entre os humanos, compartilhamos praticamente 99,5% dos genes. Porém, obviamente não somos iguais.

> Disso eu entendo. A diferença entre os humanos é o polimorfismo de nucleotídeo único, conhecido no mundo científico como os SNPS.

Parabéns, Einstein. Você sabia que existem mais de dez milhões de SNPS? Desse modo, podemos entender qual é o marcador (SNP) que você realmente tem, seja em relação à aparência física, ou, inclusive, a seu comportamento.

Olha que interessante, o cromossomo 8, em específico o SNP rs4950, com o genótipo AA (Adenina e Adenina), segundo a pesquisa realizada pela University College London (UCL), conteria uma orientação para exercer a liderança.

> Você está brincando comigo. Quer dizer que a pessoa pode nascer condicionada a ser líder e outras não?

É a vida, Macaco Véio. Entendeu a importância da genética no neuromarketing?

Em um breve futuro, com a disponibilidade dos exames de DNA, com certeza teremos segmentações genéticas na estrutura de uma campanha de marketing. Se isso vai causar um impacto em relação à ética, eu não tenho a menor dúvida.

> Não entendi.

No próximo capítulo você vai entender melhor esta determinação biológica.

Contudo, nada na vida é determinístico, pois você vai aprender com a memética que, mesmo não tendo um SNP de liderança, através do poder do ambiente e de sua interação é possível a um indivíduo ser não apenas um líder, mas até o Presidente da República. A epigenética e a metilação do DNA nos revelarão, num breve futuro, como tudo isto funciona.

O que importa é que os seres humanos possuem o privilégio de serem os únicos seres vivos do planeta com a habilidade para lutar a favor ou contra a predisposição genética. Os demais animais, pelo menos durante a mesma geração, apenas obedecem à programação biológica. Sorte a nossa, não acha?

9 Memética

Eu copio, tu copias e ele copia

Acredite! Agora sim você tem a força, dependendo, é claro, de seu Einstein. Neste tópico vamos falar dos memes. Enquanto que um gene é algo que você não escolhe, pois vem marcado pelo destino de sua biologia, a memética é dinâmica e imprevisível. O meme é uma extensão dos conceitos evolutivos de Darwin (1809-1882) sobre seleção natural no processo evolutivo, e o estudo deles vai demonstrar o quanto é importante em sua vida, principalmente no neuromarketing, para seu gerenciamento. O conceito de meme foi citado pela primeira vez, em 1976, por Richard Dawkins, em seu livro *O gene egoísta*.

Mas o que é um meme? Conheço um monte desses no Facebook. Tem cada estranho!

Não, Macaco Véio. Não tem nada a ver com os memes do Facebook. Para nós, trata-se de uma unidade de cultura, um comportamento ou uma ideia que pode ser passada de pessoa para pessoa e de geração para geração, pela imitação.

Esses conjuntos complexos de memes podem ser representados pelas ideologias políticas, crenças religiosas, paradigmas e teorias científicas, cultura empresarial, família e principalmente pela mídia.

O conceito é bem simples, basta entender que tudo que você aprendeu por imitação é um meme. Podemos incluir absolutamente tudo, desde o momento em que você nasceu, como seus hábitos diários, vocabulário e habilidades. Basicamente, todo seu comportamento, herdado pelo ambiente que vive, foi influenciado pelos memes.

Nem sempre o melhor meme é o que vence e o que se multiplica por mentes do mundo todo. Aliás, os memes mais poderosos são os prejudiciais ao ser humano, pois foram criados com o intuito de favorecer um terceiro e não você.

Isso acontece também no mercado, pois nem sempre o produto mais vendido, ou mais famoso, é, literalmente, o melhor produto. Piorando um pouco as coisas, às vezes o meme vencedor é aquele que faz mal a sua saúde, carreira e, principalmente, a seu bolso.

Muitos exemplos podem ser citados para conceituar um meme, mas para efeito de simplificação, separamos os mais comuns: a moda nas roupas e na alimentação; cerimônias e costumes; arte, arquitetura, engenharia e tecnologia; melodias e músicas; ideias; slogans; alfabeto; religião, etc. Será que a ideia de inferno é na verdade um meme autoperpetuante? Boa reflexão.

Lembre-se sempre: o cérebro adora abandonar suas próprias ideias em detrimento das alheias, afinal a novidade sempre é bem-vinda ao cérebro. Entendendo isso, você perceberá o efeito que o meme gera na formação dos hábitos de consumo. Seu cérebro sempre estará disposto a trocar um meme antigo por um novo, preferencialmente melhor. Lembrando que melhor não significa que é bom, pode também ser mau para o indivíduo. Existem, entretanto, os imuno-memes, que são memes tão poderosos já enraizados em sua mente, cuja função é servir de barreira a sua contaminação por novos memes.

Porém, existem memes mais poderosos ainda, os quais, através de um processo de comunicação único, contaminam a mente das pessoas, muitas vezes de forma definitiva. São os meta-memes.

Os meta-memes são informações normalmente ancoradas por fortes aspectos emocionais, e por essa razão garantem seu espaço na memória da Princesa. Jesus Cristo, por exemplo, é um dos maiores meta-memes existentes no cérebro das pessoas. Tanto é que as religiões, que na verdade são ambientes meméticos, pois representam um conjunto de memes que geram algum significado, acreditam fielmente no meta-meme Jesus Cristo. Inclusive religiões não aderentes.

Veja que interessante esta comparação. As religiões católica, evangélica e espírita acreditam em Jesus Cristo, no mesmo meta-meme. Porém, a católica e a evangélica acreditam no meme "vida eterna", e os espíritas no meme "reencarnação". Impressionante, não?! Pessoas que acreditam no mesmo meta-meme irão ancorar diferenças, preconceitos e divergências nos imuno-memes. O tema é complexo, mas maravilhoso.

Então, se o gene é importante para a formação da percepção de uma pessoa, o meme também o é, e com igual importância. Existe um fator cujo potencial o neuromarketing está aprendendo a reconhecer. Todo meme criado, e que potencialmente tem compatibilidade com um comportamento genético, torna-se poderoso. Se, por natureza, temos medo do desconhecido, ou de um animal por determinação genética, utilizar memes que despertem esses instintos reforça a replicação.

> Já ouvi falar em neurônio-espelho. É a mesma coisa que meme?

O neurônio-espelho ativa um ato recíproco de imitação entre dois ou mais animais. Inicialmente, esses neurônios foram observados em primatas. Nos humanos, pode ser observado tanto no cortéx pré-motor como no lobo parietal inferior. É, em suma, uma virtude biológica. Já o meme é uma criação do ser humano que, de forma indiscriminada e, muitas vezes, manipulada, invade as mentes de terceiros, em busca de uma mudança de comportamento.

De forma simplificada, o neurônio-espelho é o gatilho do meme! O meme se instala, e espera o neurônio-espelho entrar em ação, para que ele influencie suas decisões.

Em essência, o meme é um padrão de comportamento e pode se adaptar melhor em algumas pessoas do que em outras.

Contudo, o certo é dizer que os memes se replicam e não são as pessoas que os replicam. Dizendo de outra forma, as pessoas infectam as outras com seus memes e alguns deles são mais contagiosos do que outros, mas também alguns indivíduos são mais suscetíveis do que outros, principalmente aqueles dominados pelo Macaco, que não têm um Einstein poderoso. É duro dizer isso, mas pessoas ignorantes nas áreas do conhecimento essencial à gestão de negócios, como economia e administração, dentre outras áreas que gerenciam os modelos de negócios das empresas, são as vítimas fatais dos memes manipuladores, que acabam levando-as ao fracasso.

Obviamente, você deve ter percebido que o ambiente no qual os memes se desenvolvem é a mente humana, mas existe um limite para a reprodução deles. Para o professor da Tufts University, Daniel Dannett, o estoque de memes na mente é limitado e, portanto, há uma forte competição de sobrevivência entre eles. Esta competição é a principal força seletiva na atmosfera do neuromarketing.

Em seu artigo O *poder do meme*, Susan Blackmore afirma que os memes não têm poder de previsão. Se você já ouviu falar em marketing viral ou efeito manada, seja bem-vindo à explicação neurocientífica.

Tudo bem! Mas qual a utilidade dos memes nas estratégias de neuromarketing?

Veja que interessante, Einstein. Enquanto os filósofos encaram os memes como unidades de ideia (racional), o neuromarketing minimiza os efeitos da disseminação racional deles nas mentes dos consumidores, por meio de estímulos de comunicação persuasiva, direcionados ao irracional, à Princesa e ao Macaco de cada pessoa.

Essa tentativa de desabilitar o Einstein e ativar o Macaco e a Princesa do consumidor representa, sem dúvida alguma, a maioria das nossas compras, que achamos serem racionais, mas que na verdade não o são, pois estamos sujeitos ao ato inconsciente de copiar tendências, modas e estilos. Esse é o momento em que os memes virais fazem uma festa em nossas mentes.

Em termos práticos significa dizer que você terá uma grande vantagem na propagação de suas ideias com o uso dos memes. De antemão, já aviso que tal estratégia não é usada apenas para vender produtos de qualidade e que promovem o bem-estar das pessoas. A venda do intangível, como os memes, recheados de medo, se torna a principal estratégia de grupos que vendem dogmas e superstições, como a determinação do fim do mundo em 2012. Falaremos, em breve, sobre esse assunto, porém, é importante você entender que os memes são poderosos. Quem disse que eles vendem a verdade? Eu não disse.

A genética e a memética trazem uma complicação tremenda para as pesquisas de marketing tradicional, que se baseiam principalmente na opinião do Einstein das pessoas, da informação presente. Em qual pesquisa de mercado você viu nas perguntas de filtro, referências de ordem genética, como comportamentos e vícios — sim, herdamos comportamentos pela genética também — e patologias derivadas de antecedentes?

E as de ordem memética? Principalmente de influência dos grupos sociais, culturais e religiosos, para enfim podermos entender quem é realmente o indivíduo que fará parte de uma abordagem mercadológica?

Ter inveja de uma pessoa constrói memes negativos. Da mesma forma, uma pessoa carregada de sentimentos ruins tenderá a responder a uma pesquisa de forma negativa. Ou imagine uma pessoa com níveis altíssimos de cortisol, com estado de estresse agudo e impaciente. O quanto de fato ela terá de tempo e paciência para responder com calma a um questionário? Da mesma forma, se não for levada em consideração a memética, imagine fazer questionamentos sobre preservativos, sem saber, antes de tudo, qual a religião do indivíduo.

Tudo isso é muito grave, principalmente em pesquisas com amostragens pequenas. A grande vantagem do neuromarketing é que com o auxílio de novas tecnologias, citadas aqui, torna-se possível perceber claramente os estados emocionais inconscientes do consumidor.

Filtros demográficos servem e são utilizados até hoje para abordagens tradicionais, porque, de fato, são previsíveis e de fácil manipulação. Mas, acredite, são básicos e insuficientes para entender realmente quem é o consumidor.

Já falamos isso e iremos repetir quantas vezes forem necessárias. Apenas 5% a 15% das nossas decisões são racionais. A genética e a memética estão ligadas diretamente ao irracional e não são perceptíveis conscientemente.

Os termos gene e meme agora são elementos de seu conhecimento, então você sabe qual a importância que esta dupla dinâmica tem no comportamento do consumidor e, principalmente, na aplicação das pesquisas de mercado.

10 Hormônios e neurotransmissores

O comportamento químico do consumidor

Existe algo invisível aos nossos olhos que nos orienta a comprar mais ou menos, comer feito um desesperado, ficar triste ou alegre, mais calmo ou tranquilo, regular nossos estados de humor ou nossas emoções e direcionar nossas vidas, seja para o marasmo, sucesso ou o fracasso, tudo isso de forma inconsciente.

Não estou exagerando, estamos falando dos hormônios e neurotransmissores, sistemas complexos e importantíssimos para nosso sistema nervoso.

Responda-me uma coisa, pois sou meio burrinho. Hormônio e neurotransmissor são a mesma coisa? É verdade?

Não, Macaco Véio. Parece, mas não é. Os neurotransmissores são substâncias químicas que os neurônios produzem para que exista comunicação entre as células. As sinapses são o ponto de junção do neurônio com outras células, onde os neurotransmissores agem.

Já os hormônios são substâncias químicas de responsabilidade do sistema endócrino. Elas são produzidas num órgão específico, e liberadas e transportadas diretamente pelo sangue ou por outros fluidos corporais. A função deles é exercer uma ação reguladora, de indução ou inibição em outros órgãos ou regiões do corpo.

Um neurotransmissor age na comunicação dos neurônios. Hormônios regulam nossos órgãos. Apenas mais um detalhe, Macaco Véio: os neurotransmissores e hormônios provocam diferentes estados comportamentais e emocionais nas pessoas. Entendeu? Por isso são muito importantes para o neuromarketing.

Agora sim! Que interessante! Quais são os principais neurotransmissores que podem influenciar meu comportamento animal?

Existem vários, mas neste livro, que demanda um entendimento básico do estudo de neurologia para os profissionais de neuromarketing, vamos nos ater à serotonina e à dopamina.

A dopamina possui várias funções, mas para o neuromarketing é muito importante o comportamento do prazer e do vício no cérebro. O núcleo acumbente, responsável direto pelas recompensas e motivações, é o local em que se encontram as maiores reservas de dopamina de todo o cérebro, junto com a substância negra. O neuromarketing entende que, ao despertar essa área, o cliente sentirá prazer.

Porém, o período de prazer proporcionado pela dopamina é relativamente curto. Após a percepção de entusiasmo, prazer e euforia, o organismo produz um freio na produção de dopamina, impedindo essas sensações de se prolongarem indefinidamente. Afinal, o ser humano não foi feito para ter prazer de forma contínua, e o próprio organismo produz substâncias/freios, os antagonistas, que têm como função inibir essa sensação.

Hormônios e neurotransmissores

> Lembre-se, Peruzzo, que não é apenas comprando um produto que existe a liberação da dopamina, mas também quando o indivíduo tem a expectativa de comprar, ter ou usar um produto.

Isso mesmo. Podemos ter prazer, mesmo sem receber o produto. Apenas pelo fato de receber a promessa de uma recompensa futura, um prêmio, uma expectativa, você pode ter liberação de dopamina, ficar motivado e ser estimulado a uma ação, como por exemplo, comer e gastar mais.

Em relação à serotonina, trata-se de um neurotransmissor muitíssimo importante, uma vez que regula, efetivamente, nosso estado de humor. Pessoas depressivas, comprovadamente, possuem um baixo nível de serotonina.

Muitos, para compensar o estado depressivo, acabam tendo atitudes compulsivas, como o excesso de alimentação e até mesmo se tornam consumidores compulsivos, o que proporciona uma liberação de dopamina que, em curto prazo, oferece um estado de satisfação provisório — um alívio ao estado de depressão. Entretanto, o bem-estar é passageiro, e logo tudo volta ao estado anterior e às vezes, de forma piorada.

> Agora é a minha vez! E os hormônios? Afinal de contas, o hipotálamo é de minha responsabilidade.

É verdade, Princesa, uma das funções do hipotálamo é o controle da produção de hormônios. Entre eles, os principais para o neuromarketing citados neste livro são: oxitocina, cortisol, melatonina, adrenalina, estrogênio e testosterona.

A oxitocina é um hormônio muito especial, tido como o hormônio do amor e do relacionamento — durante o orgasmo, a produção de oxitocina aumenta. Ela também é produzida pelas mulheres enquanto amamentam os filhos.

O cortisol é uma resposta ao nível de estresse do indivíduo. Níveis de cortisol alto demandam um estado de atenção do sistema nervoso, muitas vezes relacionado ao estado de luta ou fuga. É o hormônio mais fácil para mensuração e manipulação em neuromarketing. Com a coleta de saliva é possível medir o nível de cortisol do voluntário em relação à propaganda, ao produto ou, até mesmo, a perfumes, aromas e comidas.

A melatonina é produzida pela glândula pineal e é muito importante no processo do sono. Pessoas que dormem pouco não produzem melatonina o suficiente, o que afeta diretamente no neurotransmissor serotonina — e olha o perigo do estado depressivo agindo novamente! Por que será que algumas liquidações das lojas de varejo são realizadas de madrugada? Óbvio, sem dormir, com o Einstein ainda sem condições plenas de consciência do ambiente e pouca serotonina, o consumidor vira um alvo fácil.

O estrogênio, hormônio que promove o desenvolvimento e o crescimento sexual, mantendo o funcionamento adequado do aparelho reprodutor feminino, e a testosterona, que tem a mesma função, porém no aparelho reprodutor masculino, são responsáveis por comportamentos emocionais de interesse do neuromarketing quando o assunto é guerra dos sexos.

Esperamos que esse resumo básico sobre neurotransmissores e hormônios estimule-o a conhecer um pouco mais sobre sua biologia. Lembre-se de que é possível que muitos dos problemas que você talvez possa ter não sejam somente psicológicos, podendo ter origem biológica. Aliás, qual foi a última vez que você fez um exame hormonal completo?

11 Como funciona a nossa memória

A estratégia é se tornar inesquecível

A forma como os clientes percebem e memorizam você, sua marca e seus produtos pode influenciar drasticamente em seu sucesso ou fracasso mercadológico.

A memória, conceitualmente falando, é a ativação de células nervosas no cérebro que faz com que você se lembre de eventos ocorridos, seja agora ou daqui a alguns dias, meses ou anos.

Seu primeiro carro, seu primeiro computador, uma viagem inesquecível, o primeiro videogame, um jantar marcante ou aquela aula que você nunca esqueceu, entre tantas outras coisas.

Estes são alguns exemplos de produtos e serviços que nosso cérebro costuma memorizar e que, graças ao neuromarketing, podem hoje ser planejados de maneira eficaz para marcar para sempre uma experiência do cliente.

Todas as nossas experiências passadas — incluindo informações derivadas da genética e da memética — definem as personalidades das pessoas e, consequentemente, a do consumidor. Memórias negativas acabam com marcas, produtos e até com pessoas. Já as memórias positivas geram fidelidade e satisfação.

As informações captadas no meio ambiente em que você vive são enviadas para a região do cérebro denominada hipocampo, que une essas percepções em uma única experiência, algo, como já dissemos, exclusivamente seu e, portanto, será parte integrante de sua experiência de vida.

> Eu sou diferente, pois vivo da experiência e da aprendizagem por repetição. É verdade que existe um tipo de memória que nunca cai no esquecimento?

Sim, meu amigo, nossa memória é magnífica, porque nos permite identificar os estímulos sensoriais e guardar essas informações para uso futuro. Voltando a sua pergunta, os tipos de memórias classificam-se em dois grandes grupos:

- Memória de procedimentos ou implícita – é a capacidade inconsciente e automática de memorização através de reações reflexas e emocionais. Explica, por exemplo, como podemos dirigir um carro enquanto falamos ao telefone, prática desaconselhável, mas possível graças aos nossos reflexos condicionados e à memória emocional.

- Memória declarativa ou explícita – é a capacidade de registrar, de forma consciente, as informações recebidas do ambiente, que podem ser representadas por meio da linguagem formal como a escrita e a fala, seja em eventos cotidianos (memória episódica) ou em novas experiências (memória semântica).

A memória declarativa, que é consciente, possui três sistemas, conforme a fase de processamento das informações:

- Memória sensorial, também conhecida como memória imediata, responsável pelo registro sensorial, que estabelece o processo inicial das informações, logo após os órgãos sensoriais (audição, visão, tato, gustação, olfação) serem ativados. Como já aprendemos na dinâmica do neocórtex, o registro inicial dessa memória se dá em locais diferentes, como no lobo occipital (visão), no lobo temporal (audição) e no lobo parietal (tato). Costuma durar de 1 a 5 segundos.

- Memória de curto prazo ou memória operacional, da qual o córtex pré-frontal é o principal agente. Esse tipo de memória tem a habilidade de manter ativo no consciente, de 5 a 20 segundos, sejam informações novas recebidas do ambiente externo, quanto antigas, provindas do hipocampo. Quando fazemos cálculos simples, usamos essa memória.

- Memória de longo prazo, pela qual a informação realmente importante é registrada e consolidada em um período maior, como minutos, meses, anos ou até a morte. A memória de longo prazo é dependente dos hipocampos, que são duas estruturas alojadas profundamente nos lobos temporais do cérebro.

> Interessante, mas essas memórias funcionam de forma isolada ou em conjunto?

Funcionam em conjunto, não existem regras rígidas. Porém, para uma memória se tornar de longo prazo, deve passar por um período na memória sensorial e de curto prazo. E é o cérebro que determina se a informação deve ser armazenada por mais tempo.

> Como é que eu vou saber se a informação que estou enviando em uma campanha de marketing está fazendo efeito no cérebro do consumidor? Como vou saber qual o tipo de memória?

Calma, Macaco, você verá mais adiante que novas tecnologias de pesquisa em neuromarketing tentam e efetivamente ajudam a descobrir tudo isso.

Por exemplo, através do EEG é possível perceber o grau de atividade do córtex pré-frontal para obter pistas da memória de curto prazo, e pelo eye tracking, através do movimento ocular e da dilatação da pupila, ver quais são as áreas de um estímulo visual de maior engajamento por parte de um consumidor. Tudo isso ajuda e muito na hora de elaborar uma campanha de neuromarketing.

> Mas nunca se esqueça de que o local onde as memórias de longo prazo ficam armazenadas é no hipocampo, sob minha responsabilidade.

Eu sei disso, e não é por acaso que a maioria das estratégias de neuromarketing foca justamente em aspectos emocionais, ou seja, em você, minha querida.

Interme

diário

Tecnologias aplicadas em pesquisas de neuromarketing!

"Aquele que duvida e não pesquisa torna-se não só infeliz, mas também injusto."

Blaise Pascal

12 Atividade eletrodermal (EDA)

Medindo o processo de excitação pela condutância da pele

A atividade eletrodermal, conhecida no mundo científico como EDA, refere-se às alterações elétricas medidas na superfície da pele quando esta recebe sinais a partir do cérebro.

Para a maioria das pessoas, por exemplo, ao sentir uma excitação emocional, um aumento da carga de trabalho cognitivo ou um esforço físico, o cérebro envia sinais para a pele e faz aumentar o nível de transpiração.

Qualquer alteração de suor na superfície da pele e o aumento da condutância elétrica já são suficientes para medir com exatidão a excitação, fazendo uso de um equipamento específico.

O nosso sistema nervoso autônomo é o responsável pela ativação dessas reações em nossa pele.

Ele está dividido em simpático, que é responsável pela atividade de luta ou fuga, e o parassimpático, que desperta o descanso e a calma.

Para os fisiologistas a pele é o órgão de melhor medida do sistema nervoso simpático, melhor inclusive do que a frequência cardíaca. Enfim, é isso que interessa ao neuromarketing, medir a excitação com eficácia.

Oi! É possível saber se a excitação é boa ou ruim?

Olha, Princesa, a excitação por si só não revela muita coisa. São necessárias outras tecnologias envolvidas para se descobrir a valência da emoção, se ela é positiva ou negativa.

Por exemplo, o reconhecimento de microexpressões faciais é uma excelente alternativa. Então, fica a dica, o uso de outras metodologias em conjunto qualifica e valida os dados mensurados pela condutância de pele.

Eu tenho uma dúvida. É possível realizar a análise da condutância na mão direita e na esquerda ao mesmo tempo? E qual é a unidade de medida?

Pergunta difícil. Sim, é possível e até aconselhável. Claro que para isso são necessários dois equipamentos sincronizados. Normalmente, a mão a ser medida é a não dominante, ou seja, a mão esquerda para uma pessoa destra. Em relação à aplicação da condutância de pele na mão, os locais preferidos pelos pesquisadores de neuromarketing são os dedos ou a palma da mão.

Estudos recentes, no entanto, demonstram que o hemisfério esquerdo e o direito podem ser diferencialmente ativados em determinadas condições, tais como depressão e ansiedade.

Dessa forma, podemos esperar que a condutância da pele, em alguns casos específicos, possa ser diferencialmente ativada. Ah! As unidades de medida são os microsiemens (µS).

Atividade eletrodermal (EDA)

Agora é a minha vez! Mas como vocês sabem quando eu estou excitado ou não? Qual meu ponto de equilíbrio, minha base?

Macaco Véio, todas as pessoas têm um nível basal, que é a linha base. Geralmente ela é considerada como o nível médio de condutância de um indivíduo durante as condições de repouso, e na ausência de qualquer evento ambiental ou estímulo externo.

O padrão em laboratório é deixar o voluntário em descanso de até 15 minutos antes das medições ou tarefas específicas. Quando o sinal normaliza, geralmente encontramos a média para fornecer uma linha de base do voluntário.

Também é muito importante que o equipamento utilizado permita ao pesquisador observar, em tempo real, a excitação do voluntário no estado de descanso, pois grandes alterações podem demonstrar algum tipo de excitação antecipada, por exemplo, ansiedade por estar em um lugar estranho, não saber exatamente o que está fazendo, entre outros motivos. Nesses casos, é necessário mais tempo para o voluntário entrar no nível basal.

Enfim, ao observarmos um nível de condutância da pele maior do que o nível normal de um indivíduo ou da linha de base, verificamos os níveis de excitação, que refletem um indutor de estresse, de interesse ou qualquer atividade que exija um aumento do nível de cognição, emoção, ou atividade cerebral. Abaixo do basal, pode significar um relaxamento e falta de ativação, seja bom ou ruim, como paz, calma, desinteresse ou tédio.

O uso da tecnologia em neuromarketing é bastante amplo, como, por exemplo, para medir a intensidade da excitação em uma propaganda, ou qualquer estímulo visual.

Além disso, pode ser aplicada em pesquisas sensoriais, que não demandam exclusivamente de aspectos visuais para análise, como fragrâncias, aromas e sabores.

13 Imagem por ressonância magnética funcional (IRMf)

O inconsciente revelado em detalhes

O uso da Imagem por Ressonância Magnética Funcional (IRMf) é sem dúvida a tecnologia mais avançada para estudos e experimentos em neuromarketing, devido à capacidade de monitorar e capturar imagens em alta resolução de atividades cerebrais, não apenas de forma superficial como o eletroencefalograma, mas de áreas mais profundas do cérebro.

O funcionamento básico da Ressonância Magnética Funcional tem como princípio analisar o comportamento do sangue que carrega oxigênio dos pulmões, diferente do sangue que já tenha liberado o oxigênio para as células.

Podemos dizer que temos um sangue rico em oxigênio e outro pobre em oxigênio, e ambos, quando estimulados pela Ressonância Magnética Funcional, demonstram comportamentos diferentes.

Assim, é possível conhecer o fluxo e o volume do sangue, além de determinar os locais com maior atividade de sangue, que é descrito como sinal BOLD (Nível Dependente de Oxigênio no Sangue). Esta descrição também cabe para o uso de oxigênio.

> Nossa, que sofisticado! Então esse equipamento consegue me acessar e descobre tudo que estou sentindo?

Existem vários fatores em seu questionamento. Primeiro, que o acesso a essa metodologia é restrita. Uma ressonância magnética pode custar entre US$500 mil e US$2 milhões, sem contar a atualização de software, que contém algoritmos específicos de neuromarketing. Outro grande problema é a falta de profissionais qualificados para a análise das imagens geradas. No Brasil, todo esse processo é embrionário e as tentativas efetivas de entender os processos comportamentais dos consumidores usando essa tecnologia estão, efetivamente, mais para suposições do que para interpretações claras e práticas.

> Mas um neurocientista pode descrever claramente qual a área de maior atividade e fluxo sanguíneo e assim determinar o que aconteceu?

Engano seu, meu caro Einstein. Veja o exemplo. O pesquisador Marco Iacoboni, da University of California, Los Angeles, UCLA, fez um experimento utilizando a tecnologia de Imagem por Ressonância Magnética Funcional. Foram mostradas a eleitores, ainda sem preferência de candidato em uma eleição, as palavras "democrata", "republicano" e "independente".

O local ativado no cérebro dos voluntários foi a amígdala e áreas relacionadas à recompensa e ao desejo. Essas áreas cerebrais podem ser estimuladas por centenas de fatores. E agora, qual a interpretação correta? Basta ver uma atividade na imagem de ressonância e ter a conclusão?

> Analisa-se os dados e pronto! É simples. Dois mais dois é igual a quatro.

Imagem por ressonância magnética funcional (IRMf)

Só em seu mundo mesmo, Einstein. Vou ser direto e franco. Se você contratar um neurocientista que nunca teve experiência com marketing e dinâmica do mercado e dos consumidores, a análise será técnica e fria, e sem a devida contextualização mercadológica, portanto, o resultado será inútil. Em contrapartida, se você pedir a um profissional de marketing para interpretar uma imagem de ressonância, certamente ele não entenderá nada. Esse é um trabalho multidisciplinar, que precisa de vários profissionais envolvidos no processo.

As principais vantagens do uso da IRMf é que ela não utiliza radiação, normalmente empregada em equipamentos de raios-X e tomografia computadorizada. Não é invasiva e, sim, totalmente segura para o voluntário. As imagens geradas são de alta resolução, permitindo análises minuciosas do cérebro.

Existem algumas desvantagens que precisam ser esclarecidas. Como já dito antes, o alto custo do equipamento, software e profissionais realmente especializados, podem inviabilizar projetos de neuromarketing que utilizam essa tecnologia.

Outro ponto crítico é que o voluntário precisa ficar totalmente imóvel no momento da captura da imagem, tarefa difícil, pois os procedimentos demandam um bom tempo operacional, aspecto importantíssimo para uma pesquisa de mercado. Pessoas com claustrofobia, por exemplo, podem ter problemas no momento do exame.

Qual a dica que você daria para um profissional de neuromarketing na hora de contratar um pesquisa com IRMf?

Primeiro, exigir experiência comprovada da empresa fornecedora e, no mínimo, dois clientes que possam dar feedback de experiências positivas. Infelizmente, ser PhD em neurociência ou marketing não garante, em nada, a eficácia de uma pesquisa em IRMf. Acredite, o processo é complexo.

Segundo, coloque em seu cronograma de pesquisa um tempo adicional para análise e interpretação dos dados e da própria ambientação com todo o sistema.

Terceiro, e mais importante, não crie expectativas em encontrar na análise de IRMf um relatório com a solução de todos os problemas de pesquisa. Você ficará frustrado. Existem empresas na Europa e nos Estados Unidos que dispõem de algoritmos e metodologias que determinam variáveis pré-formatadas, como nível de atenção, nojo, tristeza, recompensa, entre outros indicadores, o que pode ajudar no entendimento dos dados coletados e da respectiva decisão mercadológica.

> É muito complicado ver uma imagem de ressonância magnética? É igual a da tomografia, que tem um único plano?

Não, Princesa, a ressonância gera imagens de qualquer plano. A tomografia realmente gera apenas um plano, o axial. Para ter uma ideia desse plano, imagine que você está cortando um pão para fazer torradas.

Já a ressonância gera imagens no plano sagital e no plano coronal. O plano sagital é como se você estivesse cortando o pão em toda a sua extensão, e o coronal pode ser comparado às várias camadas de um bolo de aniversário.

> Peruzzo, você está usando uma linguagem visual para ensinar os planos axial, sagital e coronal. Gostei disso!

Claro, tudo que é visual você gosta. Mas volto a lembrar que, como todo Macaco é assim, se você entregar um resultado de IRMf para um Macaco novo fazer a análise, é certeiro, terá dor de cabeça.

Vale a pena lembrar que a atual legislação brasileira sobre o uso dessa tecnologia em pesquisas de neuromarketing ainda é totalmente aberta e sem uma definição clara daquilo que se pode ou não fazer. Em alguns países o uso da IRMf para aplicações em neuromarketing é proibido.

14 Face reading

As emoções reveladas na face dos consumidores

A nossa face é capaz de revelar emoções, e através dessa linguagem não verbal demonstramos ao mundo nossas intenções, sentimentos e vontades. A boa notícia é que existe alta tecnologia para mensurar as microexpressões faciais.

A má notícia é que você, a cada segundo, expõe seus sentimentos a terceiros, de forma inconsciente e impulsiva, o que na maioria dos casos foge totalmente de seu controle consciente. E esse tipo de exposição emocional nem sempre atua em seu favor.

Paul Ekman é um dos pioneiros no estudo das microexpressões faciais e vem se dedicando, há décadas, ao fascinante estudo das emoções. Ekman também foi o responsável técnico pela série *Lie to Me*, da Fox. Nos momentos em que nos episódios ocorria alguma análise não verbal, os estudos de Ekman estavam por trás da trama.

A análise das microexpressões faciais tem como base as seguintes emoções: alegria, surpresa, tristeza, raiva, nojo e medo. Também deve ser considerado nas análises o período de neutralidade, uma vez que esse tipo de estado revela ausência de um processo emocional em potencial frente a um estímulo.

A análise das microexpressões faciais pode ser realizada através de um profissional qualificado, que pode analisar o voluntário ao vivo, ou mesmo em uma gravação. Não aconselho esse tipo de análise pessoal, pois a interação humana, entre o observador e observado, pode gerar ruídos e preconceitos na análise.

A melhor forma de analisar as microexpressões faciais em pesquisa de neuromarketing, sem dúvida alguma, é através de softwares específicos para esse fim.

Você está duvidando da capacidade de um profissional analisar as microexpressões de outra pessoa?

Não, Einstein. Estou afirmando que por serem microexpressões, pequenos detalhes passam despercebidos pelo observador.

E há outro fator importante: a sincronização entre a emoção revelada pelo voluntário frente a uma propaganda, por exemplo, que é muito rápida, e esse tipo de análise, pelo processo manual, é muito difícil. Não é preconceito, é a tecnologia oferecendo melhores recursos. Apenas isso.

Existem outras aplicações, além de analisar propagandas?

Claro. Nos já usamos face reading na análise de produtos tangíveis, como catálogos de vendas, roupas, produtos eletrônicos, eletrodomésticos e calçados.

Mas não paramos por aí. O uso do face reading para análise de fragrâncias e aromas se torna fundamental na busca do entendimento da valência, estado emocional positivo ou negativo, que determina a aceitação ou rejeição de determinado produto.

> Estou confusa. Por que tantas emoções negativas na nossa face, e apenas uma positiva, que é a alegria? Isso é preconceito contra a felicidade?

Excelente pergunta, Princesa. É natural que tenhamos mais emoções negativas do que positivas. Lembre-se de que somos insatisfeitos por natureza.

A alegria seria a recompensa de uma expectativa criada anteriormente. Não espere, Princesa, em uma análise de face reading, que o indicador de alegria se torne muito presente.

No Ipdois Neurobusiness usamos o face reading essencialmente para medir a valência, estado emocional positivo, negativo ou neutralidade dos voluntários frente a um estímulo, em conjunto com eye tracking, eletroencefalograma e condutância de pele. O uso de softwares de última geração é fundamental, pois proporciona segurança tanto para os clientes como para a equipe de pesquisa.

> Beleza, Peruzzo! Não dá para ser feliz. Mesmo que o Einstein e a Princesa tentem disfarçar, as minhas reações fisiológicas não deixam esconder minhas intenções. Me diga uma coisa: o face reading pode ser usado na análise de compradores, funcionários e até mesmo em recrutamento e seleção?

Macaco Véio, você realmente não esconde o que sente. Essa é sua função biológica.

Em relação ao uso do face reading nos segmentos de vendas e gestão de pessoas, é claro que existe uma gama imensa de oportunidades e soluções. Mas isso é assunto para outro livro.

15

Perfis salivares

Os hormônios em ação mercadológica

No capítulo sobre hormônios e neurotransmissores você entendeu claramente a importância desses mecanismos em nosso comportamento, e o quanto isso influencia no processo de compra.

Falando em neurotransmissores, é obvio que a coleta de sangue para medição dos níveis de serotonina ou dopamina está disponível no mercado. Porém, não resta a menor dúvida de que para fins mercadológicos, é tênue a linha entre o que é ou não ético.

O procedimento de coleta de sangue é altamente invasivo e expõe o voluntário a condições extremamente desconfortáveis. Pessoalmente, sou contra o uso de procedimentos invasivos nas pesquisas de neuromarketing, assim, vamos deixar as medições dessa dupla importante, serotonina e dopamina, fora das pesquisas em neuromarketing, ainda mais quando a fonte da informação é derivada de coleta de sangue.

Uma forma segura e não invasiva de entender os hormônios é através dos perfis salivares.

A saliva se torna a melhor maneira de avaliar os níveis de hormônios, inclusive também para uma análise genética completa. Já existem empresas especializadas nesse processo químico no Brasil.

As principais vantagens do uso da saliva em pesquisas de neuromarketing são:

1. Não incomoda o voluntário.

2. Os resultados são confiáveis.

3. É um exame aprovado e aceito pela comunidade científica.

4. A coleta pode ser feita fora do laboratório.

Os hormônios que podem ser mensurados através de um exame de saliva são diversos, sendo os principais o DHEA, a testosterona, o cortisol, a estrona, o estradiol, a progesterona e a melatonina.

A análise mais comum em neuromarketing é a do hormônio cortisol, responsável pelo nível de estresse das pessoas.

A produção de cortisol está ligada diretamente ao estado de luta ou fuga, onde o medo, o nojo ou a raiva são ativados.

> Eu sei que é de minha responsabilidade o controle da produção dos hormônios pelo sistema endócrino via hipotálamo, porém, o que podemos fazer com relação à medição do cortisol em uma estratégia de neuromarketing?

Basicamente, entender o nível de excitação e aversão em relação a um produto, principalmente os sensoriais, como fragrâncias e aromas. Como a verbalização do nível de aceitação de um perfume através de uma pesquisa tradicional é demasiadamente subjetiva, o nível de cortisol demonstra

Perfis salivares

claramente as variações hormonais proporcionadas por determinado estímulo.

O que me deixa muitas vezes confuso é justamente entender qual o nível de cortisol que torna a experiência positiva ou negativa.

É verdade, Einstein. O cortisol é um hormônio muito importante para a nossa sobrevivência, pois nos deixa atentos ao dia a dia, principalmente aos perigos. Não tenha dúvida de que uma alteração muito significativa no nível de cortisol está ligada à aversão por um produto.

O seu Macaco interno está lhe avisando que existe uma situação de perigo. Por outro lado, alterações mínimas de cortisol podem significar uma excitação, inclusive boa, positiva. Nesse caso, a melhor forma de entender se o estado é positivo ou negativo é utilizando a tecnologia face reading.

Como é feita a coleta do cortisol? Basta cuspir e pronto?

Às vezes você é bem grosso e indelicado. Existe todo um procedimento para a coleta da saliva. Primeiro, as empresas que fazem esse tipo de serviço oferecem um recipiente especial para coleta. Outro ponto importante é verificar se o voluntário da pesquisa fumou ou bebeu café antes do teste, pois isso pode afetar o resultado. Ter uma boa noite de sono e não estar estressado com outros fatores também são condições importantes para a seleção dos voluntários da pesquisa.

Você não vai falar como é a métrica para entender se o cortisol teve ou não alteração?

É verdade. A análise do cortisol é feita através de duas ou mais amostras. A primeira amostra de saliva normalmente é chamada de T0.

As demais amostras serão chamadas de T1, T2, e assim por diante, até o T final. A variação entre uma amostra e outra é que indicará a alteração nos níveis hormonais, para que se possa entender, enfim, se o estímulo sensorial alterou ou não, de forma significativa, o estado emocional do voluntário.

16 Eye tracking

A verdade do consumidor está nos olhos

O eye tracking é uma tecnologia de monitoramento ocular utilizada em pesquisas de neuromarketing, também usada em conjunto com outras ferramentas como eletroencefalograma, condutância de pele, face reading e ressonância magnética funcional.

Diferentemente das mensurações fisiológicas, o eye tracking não é uma metodologia invasiva de pesquisa.

Existem basicamente dois modelos desta ferramenta: o eye tracker de mesa, que permite uma mensuração mais aprimorada, na qual não há contato com o voluntário, pois fica exatamente entre o estímulo a ser pesquisado e o voluntário. Normalmente, são utilizados monitores ou projetores para a visualização dos estímulos.

O segundo modelo, o eye tracker de óculos, é em geral é usado para pesquisas em movimento, como, por exemplo, nas gôndolas de supermercados ou para validar o painel de um carro enquanto o motorista dirige.

Algo importante a se conhecer é a frequência, em hertz, na qual o eye tracker funciona, principalmente para saber quantas fixações por segundo o equipamento é capaz de capturar. Normalmente a variação é de 30Hz a 300Hz.

Einstein, Princesa e Macaco Véio, vocês topam um desafio?

Eu aceito. Eu adoro competir com os outros.

Eu também quero, pois a competição me dá um grande prazer.

Eu aceito, mas as regras devem ser justas.

Para explicar as análises de eye tracking, vamos utilizar uma pesquisa real, realizada justamente para saber qual de vocês é o personagem mais poderoso no aspecto visual.

A primeira tarefa é escolher um estímulo para essa análise. Pode ser qualquer coisa visual, inclusive objetos reais, como um celular ou uma gôndola de supermercado.

Na Figura 10, eu criei um estímulo em que existem seis cópias de cada personagem no estímulo visual, distribuídos de forma homogênea, ou seja, todos estão representados na parte superior, inferior, esquerda, direita e no centro do estímulo, totalizando 18 figuras.

Figura 10: Personagens no estímulo visual

Fonte: Ipdois Neurobusiness ©

Depois da aplicação da pesquisa, podemos ter os seguintes resultados gráficos que ajudam na interpretação dos pesquisadores: heat map, cluster, gaze plot e opacidade.

Na Figura 11, o heat map é o mapa quente do estímulo e demonstra as áreas de maior visualização.

Na Figura 12, a opacidade é a mesma análise do heat map, porém em negativo.

A grande vantagem desse gráfico é a facilidade em se verificar os pontos de maior interesse.

Na análise do gaze plot é possível ver todos os movimentos oculares, desde a primeira sacada até a última.

Na Figura 13, vejam os movimentos de um dos participantes, pois é possível observar, simultaneamente, os de todos os participantes, mas o entendimento é zero.

Na Figura 14, o cluster é uma área específica com grande número de visualizações, onde o software do eye tracking, além de criar a área do visual do cluster, demonstra o percentual de pessoas que fixaram o olhar (PPF) naquele determinado cluster.

Figura 11: Heat map do estímulo

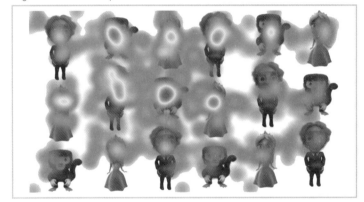

Figura 12: Opacidade o estímulo

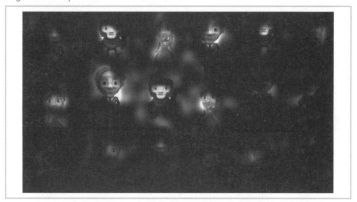

Figura 14: Cluster do estímulo

Figura 13: Gaze plot do estímulo

Mas, cuidado!

Na internet, pesquisas básicas realizadas por profissionais ainda inexperientes para o uso do eye tracking, demonstram apenas o heat map dos estímulos, o que visualmente, sem dúvida alguma, chama muito a atenção. Porém, tecnicamente, dependendo do tempo do estímulo e dos objetivos da pesquisa, o resultado gráfico está mais para um grande charme, do que efetivamente para resultados significativos e práticos.

Agora vamos para a criação dos AoIs, que são áreas de interesse (Area of Interest) do estímulo. Na pesquisa, cada personagem, Einstein, Princesa e Macaco em suas diferentes posições se tornam um AoI, que devem ser individualmente renomeados, para que no software de eye tracking sejam feitas as análises estatísticas.

Acompanhe na figura abaixo os AoIs criados e seus respectivos nomes.

Figura 15: Criação de AoIs

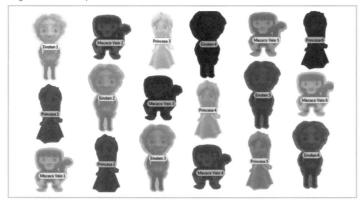

São esses nomes dos AoIs, os quais servirão de base para a nossa análise estatística.

Nesta pesquisa usamos AoIs fixos, porém, é superinteressante o uso de AoIs dinâmicos em filmes, em que, naturalmente, as imagens estão em movimento. Entretanto, isto somente é possível através de softwares específicos para esse tipo de análise.

Vamos, Peruzzo, fala de uma vez, quem é o melhor personagem?

Tudo bem! A partir da definição dos AoIs, temos indicadores importantes que o eye tracking mensura para os pesquisadores fazerem suas análises, sendo os principais:

- O TPF, que significa o tempo para primeira fixação.

- O PPF, que é o percentual de pessoas que fixaram.

- O DF, que é a duração da fixação.

- O QF, que trata da quantidade de vezes que o voluntário fixou determinado AoI.

As Três Mentes do Neuromarketing

Existem outros indicadores, mas devemos focar nestes, que são os mais importantes.

Vamos começar pelo principal indicador, o PPF.

Não adianta um AoI ter uma quantidade enorme de fixações, sendo que apenas duas pessoas fixaram o objeto. Faremos uma análise apenas dos indicadores que tiveram no mínimo 65% de PPF. Abaixo de 65% consideraremos que o AoI não foi atraente, pois o percentual de pessoas que fixaram foi muito baixo.

O ranking dos quatro AoIs em relação ao PPF foi:

Tabela 1: PPF dos personagens

PERSONAGEM	PPF
Einstein 2	86%
Einstein 4	76%
Macaco 2	71%
Macaco 3	71%

Fonte: Ipdois Neurobusiness ©

O Oscar de melhor indicador PPF vai para: Einstein!

Obrigado, deve ser meu charme, sou irresistível.

Metido você, hein?!

Vamos agora conhecer quem foi o campeão do TPF, tempo para primeira fixação.

Sempre lembrando que um TPF menor do que 2,5 segundos significa que há uma atração visual por impulso. Acima de 2,5 segundos, a análise visual torna-se mais consciente.

O ranking dos quatro AoIs em relação ao TPF foi:

Tabela 2: TPF dos personagens

PERSONAGEM	TPF
Macaco 3	1,0s
Macaco 2	1,9s
Princesa 3	2,0s
Einstein 2	2,2s

Fonte: Ipdois Neurobusiness ©

Parabéns Macaco Véio, o Oscar do TPF foi para você.

> Visualmente, então, eu sou o mais atrativo quando a questão é impulsividade. Legal, é a minha praia.

É verdade. Agora se olham primeiro porque você é feio ou bonito, eu não sei. Desculpe aí, Macaco Véio! Brincadeiras à parte, você é um personagem que chama mais a atenção das pessoas, realmente, em uma visão por impulso.

Dos quatro primeiros colocados neste quesito, além do personagem Macaco 3 ser o primeiro, o Macaco 2 ficou em segundo.

Está na hora de analisar o QF, que, como já mencionamos, representa as quantidades de fixações, por pessoa. Naturalmente um indicador alto de QF significa que as pessoas voltaram várias vezes para o AoI e isso se chama atratividade. O ranking dos quatro AoIs em relação ao QF foi:

Tabela 3: QF dos personagens

PERSONAGEM	QF
Einstein 2	2,1 fixações
Macaco 2	2,0 fixações
Macaco 3	1,8 fixações
Princesa 3	1,8 fixações

Fonte: Ipdois Neurobusiness ©

Que show, Einstein! Você foi o campeão também nas quantidades de fixações.

> Bem, disso eu já sabia!

Chegamos ao último indicador, o DF, que se refere à duração da fixação. Quanto mais tempo da fixação no AoI, mais engajamento dos voluntários. Um DF menor significa que as pessoas descartaram rapidamente o AoI após o contato visual.

O ranking dos quatro AoIs, em relação ao DF foi:

Tabela 4: DF dos personagens

PERSONAGEM	DF
Macaco 3	0,3s
Princesa 3	0,3s
Princesa 4	0,3s
Einstein 4	0,3s

Fonte: Ipdois Neurobusiness ©

É, Princesa, até que enfim você teve um bom resultado. Porém, a diferença entre vocês foi zero. Lembrando que um tempo de fixação maior pode até proporcionar uma dilatação de pupila, o que demonstra um estado emocional.

> Como foram quatro indicadores diferentes, existe uma forma de apontar um personagem campeão, unindo todos eles?

Depende. Como o objetivo do neuromarketing é descobrir o estado inconsciente das pessoas, podemos aplicar o Índice do Potencial Inconsciente (IPI), um algoritmo criado pelo Ipdois Neurobusiness, pelo qual podemos reunir todos os indicadores citados anteriormente e, assim, formar um ranking dos personagens. Vamos lá:

Tabela 5: Índice do Potencial Inconsciente (IPI)

PERSONAGEM	IPI
Macaco 3	0,94
Einstein 2	0,89
Princesa 3	0,44
Macaco 2	0,37

Fonte: Ipdois Neurobusiness ©

Mas este ainda não é o resultado final, uma vez que estes valores indicam a melhor posição de cada personagem.

Como queremos saber qual personagem com o melhor potencial inconsciente em todo o estímulo (18 AoIs), vamos agrupar os quatro AoIs de cada personagem e ter o IPI médio do Einstein, da Princesa e do Macaco.

O resultado foi o seguinte:

Tabela 6: IPI dos três personagens agrupados

PERSONAGEM	IPI
Macaco	0,75
Einstein	0,70
Princesa	0,40

Fonte: Ipdois Neurobusiness ©

Parabéns, Macaco Véio! Você é o personagem campeão em relação ao potencial inconsciente, mas cuidado que o Einstein está em sua cola. Devemos lembrar que o mais importante é o objetivo da pesquisa, pois é isso que determina se um AoI atingiu ou não o objetivo.

Em uma campanha onde o objetivo é não gerar visualização do AoI, como, por exemplo, a mensagem das taxas de juros em uma propaganda de carros, ter os indicadores DF e TF baixos seria o ideal caso o anunciante desejasse evitar a visualização dessa informação, pois traria rejeição ao anúncio como um todo.

Enfim, o eye tracking pode ser usado para analisar sites, marcas, embalagens, propagandas audiovisuais ou impressas, ou seja, qualquer estímulo visual. Seu uso é ilimitado.

> Qual é o tempo ideal para análise de um estímulo?

Normalmente, indicamos no máximo até 10 segundos, tempo mais do que suficiente, incluindo a margem de segurança.

Na verdade, até os 2,5 segundos nós estamos de olho no que o Macaco Véio está vendo.

> Poxa! Assim você quebra as minhas pernas, descobrindo minhas verdades. Isso é invasão de privacidade.

O problema é seu. Pela primeira vez é possível usar uma tecnologia para entender como o nosso inconsciente se comporta visualmente. Mas não tem problema, Macaco Véio, porque o Einstein depois dos 2,5 segundos toma conta do cenário e começa a analisar o estímulo de forma consciente e cada vez mais racional.

> Pensei que ficaria de fora dessa discussão. Na verdade, muitas vezes eu tenho que justificar o que o Macaco Véio olha primeiro sem minha permissão e juízo. Ele às vezes é indecente!

Bom, esta briga é de vocês dois, entre o inconsciente e o consciente, o mais importante é saber que existe uma ferramenta sensacional chamada eye tracking que permite essa mensuração.

17 Eletroencefalograma aplicado ao neuromarketing

Descobrindo os estados mentais do consumidor

A utilização do eletroencefalograma em pesquisas de neuromarketing é muito recente quando comparado com sua aplicação no diagnóstico para doenças cerebrais. Tudo começou em 1848, quando o fisiologista alemão Doktor Du Boys-Reymond demonstrou à comunidade científica que a propagação do estímulo nervoso resultava no surgimento de uma corrente elétrica.

Porém, apenas em 1929 o neuropsiquiatra alemão Doktor Hans Berger demonstrou que o cérebro humano também gerava tais correntes e as mesmas poderiam ser registradas. Enfim, hoje Berger é conhecido como o pai do eletroencefalograma.

Tecnicamente, o exame de eletroencefalografia (EEG) é resultado da interação entre o ser humano e a máquina, o que possibilita registrar a atividade elétrica cerebral, bem como certos estados psicológicos, como alerta ou sonolência.

É possível observar, através da amplitude das ondas cerebrais, diferentes estados mentais, como:

- Vigília — ondas beta, associadas à atenção, concentração e cognição. O cérebro está bem desperto e alerta, além disso, o processo visual tem uma melhora significativa. A faixa de ondas beta está entre 13 e 30Hz.

- Relaxamento — ondas alfa, associadas ao relaxamento e à consciência interna. A energia criativa tende a fluir e a ansiedade desaparece. A faixa de ondas alfa está entre 7 e 12Hz.

- Calma — ondas teta, associadas à meditação, intuição, criatividade e memória inconsciente. A faixa das ondas teta está entre 4 e 7Hz.

- Sono leve e profundo — ondas delta têm a mais baixa de todas as frequências de ondas cerebrais e, normalmente, está associada ao sono profundo. Delta é a onda cerebral de acesso ao inconsciente. A faixa de ondas delta está entre 0,1 e 4Hz.

A análise dessas ondas, mensuradas pelo EEG e combinadas através de complexos algoritmos, podem revelar estados mentais do voluntário, o que gera grande interesse por parte dos pesquisadores de neuromarketing.

Uma das grandes vantagens dos modernos EEGs é sua portabilidade, permitindo que experiências fora do ambiente de laboratório sejam uma realidade, como um passeio ao shopping ou ao supermercado.

Um procedimento padrão, e muito importante, é o sistema internacional 10-20, que é utilizado no mapeamento das posições onde são fixados os eletrodos para registrar os sinais do eletroencefalograma.

Esse sistema utiliza 21 pontos que são marcados dividindo o crânio em proporções de 10% ou 20% do comprimento das distâncias entre os pontos de referência — násion e ínion — no plano medial e os pontos pré-auriculares no plano perpendicular ao crânio.

A nomenclatura dos pontos é dada de acordo com a região ou lobo em que estão localizados, sendo eles: frontal polar (Fp), frontal (F), temporal (T), central (C), parietal (P) e occipital (O).

Os pontos localizados sobre a linha média são indexados pela letra "z", de zero, os pontos localizados do lado esquerdo da linha média por índices ímpares, e à direita, por índices pares.

Dessa forma, conforme a Figura 16, podemos completar a nomenclatura de todos os pontos do eletroencefalograma tradicional:

- Fp1 (frontal polar esquerdo), Fp2 (frontal polar direito).
- F3 (frontal esquerdo), F4 (frontal direito).
- C3 (central esquerdo), C4 (central direito).
- P3 (parietal esquerdo), P4 (parietal direito).
- O1 (occipital esquerdo), O2 (occipital direito).
- F7 (temporal anterior esquerdo), F8 (temporal anterior direito).
- T3 (temporal médio esquerdo), T4 (temporal médio direito).
- T5 (temporal posterior esquerdo), T6 (temporal posterior direito).
- Fz (frontal da linha média).
- Cz (central da linha média).
- Pz (parietal da linha média).

Figura 16: Pontos do eletroencefalograma tradicional

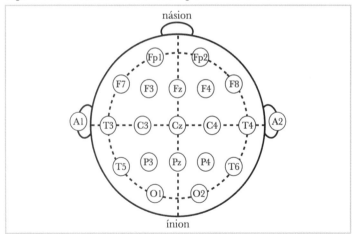

Fonte: Ipdois Neurobusiness ©

Outro ponto fundamental no uso do EEG em neuromarketing diz respeito aos indicadores gerados através de softwares específicos, que permitem que os pesquisadores possam avaliar e mensurar os resultados de forma mercadológica. Existem vários fornecedores e soluções, cada um com seu algoritmo devidamente registrado e guardado em uma caixa preta, afinal de contas, o segredo do sucesso do EEG no neuromarketing não está no equipamento, mas na metodologia e nos indicadores disponíveis para a tomada de decisão.

A cada dia, dezenas de pesquisas que usam o EEG para o neuromarketing são publicadas, demonstrando novas fórmulas e descobertas. Algumas informações são de domínio público, como, por exemplo, a pesquisa realizada pelo Laboratório para a Neurociência Afetiva da Universidade de Wisconsin, chefiado por Richard Davidson, a qual demonstra que o ser humano sob a agitação de emoções aflitivas possui níveis de atividade relativamente altos no córtex pré-frontal direito, mas quando se sente bem, entusiasmado, energizado, a área de maior atividade é a pré-frontal esquerda. Com apenas este exemplo, você deve imaginar o potencial dessa ferramenta para o uso do neuromarketing.

Outra pesquisa da mesma Universidade de Wisconsin, publicada em 2012, declarou que o monge budista Matthieu Ricard é o homem mais feliz do mundo. O ex-pesquisador francês, que vive hoje no convento de Katmandu, no Nepal, é hoje um dos confidentes de Dalai Lama. O grupo de cientistas constatou que o cérebro dele produz um nível de ondas gama nunca antes observado no campo da neurociência. Os resultados mostraram uma atividade mais elevada do segmento esquerdo do córtex pré-frontal do cérebro quando comparado ao direito.

Quando Matthieu Ricard meditou sobre compaixão, o cérebro dele produziu níveis de ondas gama ligadas à consciência, atenção, aprendizado e memória que nunca haviam sido relatados na literatura da neurociência. A exploração do cérebro de Ricard revelou que, graças à meditação, ele tem uma capacidade incrivelmente anormal de sentir felicidade e uma propensão reduzida para a negatividade.

Eletroencefalograma aplicado ao neuromarketing

> Peruzzo, que interessante esse equipamento de EEG! Parece um capacete cheio de sensores. Isso incomoda o voluntário? Dá choque?

Um pouco de desconforto na hora de colocar o EEG é normal, mas depois que o voluntário está envolvido com a pesquisa, acaba esquecendo que está usando esse equipamento.

> Deve ser bem caro uma pesquisa usando EEG, não é? Já é viável no Brasil?

Claro que sim. Dependendo do equipamento e do objetivo, é possível realizar uma pesquisa de EEG como um custo igual, ou até mesmo inferior ao das pesquisas tradicionais.

> Eu assisti em um vídeo que é possível medir a frustração de um cliente usando o EEG. Quais são os pontos que ativam no EEG para saber a frustração?

Puxa, Princesa, como você é ingênua.

Por um acaso a Microsoft, quando você comprou o Word, Excel ou Power Point, deu para você o código fonte dos programas? Claro que não. Esse é o segredo do negócio. Um algoritmo validado com o cliente, e que tenha publicação científica, pode valer milhões. Não se conta a estratégia de graça, Princesa. Mas, se você prestou atenção no texto, eu já dei algumas dicas aqui de qual é o lugar no neocórtex onde encontramos o estado emocional positivo e negativo.

Acrescento um detalhe à resposta. Princesa, saiba que é possível medir através do EEG, além da frustração, o engajamento, a meditação, a atenção e outros comportamentos.

> O quanto esse EEG descobre das minhas atitudes impulsivas?

Olha só! Quando falamos do sistema nervoso periférico, autônomo simpático e parassimpático, realmente podemos descobrir pouco sobre você pelo EEG. Aliás, você mais atrapalha do que ajuda. Se você se mexer muito durante o experimento ou criar muito ruído, pode atrapalhar a interpretação dos dados.

> Peruzzo, é possível usar o EEG combinado a outras tecnologias de neuromarketing?

Claro! Aliás, isto é praticamente uma obrigação. O uso único do EEG limita demais os resultados. A utilização conjunta da condutância de pele, do eye tracking, do face reading e outras mensurações, permite uma análise mais precisa da percepção inconsciente do voluntário.

O uso do EEG por parte do voluntário é indolor e não oferece risco à saúde, porém, são necessários alguns procedimentos de recrutamento, pois alguns comportamentos ou usos de substâncias inadequadas podem interferir no resultado do exame.

É importante que o voluntário tenha uma boa noite de sono, os cabelos e o couro cabeludo devem ser lavados com sabão neutro ou com xampus que não contenham óleos hidratantes ou silicone. Não é recomendada a aplicação de condicionador ou gel para pentear. Deve-se evitar o consumo de bebidas estimulantes como café e energéticos. E, mais importante, caso o voluntário demonstre alteração emocional evidente, como ansiedade ou nervosismo, é aconselhável dispensá-lo do experimento.

Um detalhe fundamental que não deve ser esquecido é que todo voluntário deve assinar um termo de consentimento livre e esclarecedor, no qual estão descritos objetivos, riscos, técnicas e detalhes da pesquisa.

Trata-se de uma segurança para o voluntário e, principalmente, para quem está contratando a pesquisa. Sempre vale a dica de que, por se tratar o EEG de uma técnica mais próxima de um procedimento médico, aconselha-se enviar o projeto de pesquisa para a aprovação de um comitê de ética.

Ensaios e reflexões sobre o mundo do neuromarketing!

"Todo o conhecimento humano começou com intuições, passou daí aos conceitos e terminou com ideias."

Immanuel Kant

18

O pão com bife

Quem manda não é o consumidor

Ajustar os desejos dos consumidores não é fácil. Imagine, então, quando o assunto é comida. Bom, acho que aí complicou de vez. Vamos para um simples teste, realizado mais de 200 vezes nas minhas aulas de MBA, onde o resultado, impreterivelmente, foi o mesmo. Quem manda não é o cliente e sim a oferta, desde que se saiba usar estratégias de neuromarketing.

O professor pede que você imagine ser o dono de uma lanchonete em uma universidade. Um belo dia você resolve fazer uma pesquisa de mercado para saber o que seus clientes, enfim, os alunos, desejam comer no intervalo. Depois de uma breve análise dos dados, você tem o seguinte resultado:

- 25% dos clientes querem coxinha de frango; 20% deles, pastel de queijo; 10%, pastel de carne; 5%, pastel de palmito; 15%, bolinho de carne; e 25% dos clientes preferem outros salgadinhos.

Seu problema começa com o estoque. Como você vai gerenciar tantos ingredientes para disponibilizar essa diversidade de salgadinhos e a mão de obra a ser usada todos os dias para produzir essa variedade enorme de opções, que além de custar muito caro para o comerciante, vai encarecer o preço final do produto? O que fazer?

Será que uma ação de neuromarketing poderia mudar o resultado da pesquisa? Pois bem, acredite nessa possibilidade.

O professor pede que você imagine a propaganda que ele vai narrar.

> "Você entra em casa com fome, depois de quatro horas de aula, e vai direto até a geladeira, mas não encontra nada pronto.
>
> Em um passe de mágica, você vê na sua frente um bife suculento pedindo para ser frito. Você pega o bife e com muito carinho coloca-o na frigideira, adiciona óleo e liga o fogão. Você começa a escutar aquele barulho de fritura e a sentir o cheiro do bife, o que o deixa maluco.
>
> Com muita água na boca, você pega o bife com um garfo e carrega aquele troféu maravilhoso em direção ao pão mais delicioso do planeta, que quando você aperta o desgraçado, ele faz um 'croc' da casca quebrando.
>
> Então você pega uma faca e abre o pão. Nesse momento, parece que o pão chama o bife: venha para mim! Venha para mim! E você obedece! Mas antes, passa a maionese no pão, bem devagar. Depois do ritual saboroso, você coloca o bife no pão e percebe que o óleo do bife se mistura com a maionese, formando um molho de cor esquisita. Mas, não interessa, é bom e bonito demais.
>
> O queijo aparece em sua mão e você o joga por cima do bife, que logo derrete. Então, não lhe sobra mais nenhuma alternativa a não ser fechar o pão, observar o manjar dos deuses por completo, fechar os olhos, aproximar o pão da boca e pronto, saboreá-lo! Que delícia, o melhor pão com bife da sua vida está com você. Inesquecível."

Aliás, me desculpe, mas garanto que você deve estar sentindo o cheiro do pão com bife. Mágico, não?

Após a dramatização toda do pão com bife, feita pelo professor, é lançada a pergunta aos alunos: o que você deseja comer no intervalo da aula? Os resultados variam, mas, normalmente, de 90% a 100% das pessoas não querem mais pastel, bolinho ou coxinha, elas querem pão com bife.

E o que você aprendeu com isso? Que o cliente sempre estará disposto a substituir seu meme, opinião pré-formada, por outro meme melhor. Eu garanto que, quando aprender a fazer isso, você vai vender pão com bife, ou o que você quiser e quando bem entender.

> Peruzzo, eu quero pão com bife. Onde eu compro? Minha barriga está roncando de fome. Por que você fez isso comigo? Eu estava tão feliz com um pastel ou uma coxinha, e agora só penso no maldito pão com bife, que não sai da minha cabeça.

O problema é seu, Macaco Véio, mas uma coisa eu garanto, quando você comer o pão com bife, vai ser a melhor coisa do mundo. Lembre-se, apenas troque o meme de seu cliente por outro muito melhor, e garanta o sucesso de sua estratégia de vendas.

Fica a dica. Quem manda não é o cliente, mas a oferta que sabe gerenciar e despertar os desejos inconscientes dos consumidores.

19

O dilema do bonde

A briga da razão com a emoção

O dilema do bonde já é estudado há algum tempo por psicólogos, neurocientistas e estudiosos do comportamento humano, mas quero dar uma ênfase diferenciada ao tema, levando em consideração as atitudes de nossos personagens, Macaco, Princesa e Einstein.

Para quem não conhece o dilema do bonde, ele foi criado pelo biólogo e antropólogo Marc Hause, e coloca as pessoas num processo decisório paradoxal, em dois cenários distintos.

Vamos ao primeiro cenário: você está em uma calçada e vê um bonde totalmente desgovernado descendo uma ladeira em alta velocidade. Logo adiante, você vê cinco trabalhadores fazendo a manutenção dos trilhos.

Ao seu lado, existe uma alavanca, que pode mudar o rumo dos trilhos para um caminho alternativo, porém, existe também um trabalhador arrumando o trilho nesse caminho.

A situação é imediata e não adianta gritar, pular ou fazer outra coisa, pois a decisão precisa ser tomada em segundos.

Então, o que você faria?

Bom meus amigos, preciso da participação de vocês. Einstein, Princesa e Macaco, o que vocês fariam nessa situação?

Com toda certeza eu puxaria a alavanca, pois uma pessoa morta é muito melhor que cinco. Ainda seria um herói por salvar a vida dos trabalhadores. É lógico!

Caramba, Einstein. Imagine a família do trabalhador que morreu. Que tristeza! Mas até entendo sua decisão, acredito que eu deixaria o Macaco puxar a alavanca.

Quando a situação é emergencial e a decisão precisa ser tomada em até 2,5 segundos, eu comando a parada, e pelo aspecto visual da situação, eu também puxaria a alavanca.

Boa interpretação, pessoal. Parabéns!

Mas vamos à parte mais complicada agora, o cenário dois.

Você está em uma ponte e vê um bonde totalmente desgovernado descendo uma ladeira em alta velocidade.

Logo adiante, você vê cinco trabalhadores fazendo a manutenção dos trilhos e em sua frente existe uma pessoa muito obesa. Não há tempo para fazer nada, a única solução é você empurrar a pessoa obesa nos trilhos, assim o bonde com o atrito e o barulho vai diminuir a velocidade e salvará os cinco trabalhadores. O que você faria? Empurra ou não empurra?

Ei, turma do barulho! Einstein, Princesa e Macaco, o que fazer agora?

Eu não sei o que eu faria. Matar uma pessoa! Afinal das contas, eu empurrei e participei diretamente do processo. Meu Deus! É muito difícil. Estou confusa.

Viu, Princesa? Você ficou divagando muito tempo, cheia de emoção, travou, o bonde já passou e você matou os cinco trabalhadores.

> Peruzzo, a lógica é a mesma. Matematicamente, tanto no primeiro cenário quanto no segundo o resultado é o seguinte: uma pessoa morre e cinco se salvam. Por que tanto drama da Princesa? Empurra de uma vez.

Einstein, há coisas na vida que não são lógicas. Você acha que é tão fácil empurrar um indivíduo para a morte, mesmo que salve as outras pessoas?

E você, Macaco?

> Ah, meu filho, eu sairia correndo. Vai que o bonde ainda me pega e sobra para mim. Eu quero salvar minha vida. Primeiro eu, depois o resto.

Esse Macaco, sempre egoísta! Só porque os trabalhadores não fazem parte de seu bando, nem sequer levou em consideração empurrar o obeso nos trilhos.

Na pesquisa conduzida pelo antropólogo, no primeiro cenário, 85% das pessoas afirmaram que puxariam a alavanca. No segundo cenário, somente 12% delas empurrariam a pessoa obesa sobre os trilhos.

O mais importante do dilema é que, em todos os momentos de sua vida, esses três personagens criam uma batalha incessante em sua mente e, naturalmente, aqueles que possuem um equilíbrio mental e biológico, racional e emocional, possuem vantagem competitiva pessoal e profissional frente aos demais.

E você, empurra ou não empurra?

20 O maldito número 7

A ancoragem da infância nas decisões quantitativas

Você já participou de alguma pesquisa em que nas opções de respostas foi usada a famosa escala de 1 a 10 para avaliar um produto, serviço, pessoa, funcionário ou atendimento, enfim, qualquer coisa que possa ser avaliada. Com certeza já! Eu também!

Mas cabe a pergunta. Para que serve esse tipo de avaliação?

No Brasil, estrategicamente não serve para nada. Você leu direito? Então vou repetir. Não serve para nada! É a avaliação mais injusta que existe e, infelizmente, gestores, diretores e presidentes ainda tomam decisões estratégicas baseadas em números, onde o resultado, estatisticamente, pode ser validado até por um Einstein, mas é de uma pobreza tão grande que faço questão de explicar a origem do problema passo a passo para você.

Tudo começa com a identificação visual do número 7.

Basicamente, até os seis anos de idade apreendemos o significado das coisas mais através da identificação dos símbolos do que pelo valor cognitivo e lógico.

Assim é com o número 7. Para saber mais sobre isso é muito importante você conhecer um pouco sobre a dinâmica do neurônio-espelho.

Tudo bem, Macaco Véio?

> Tudo bem, Peruzzo. É verdade que você está questionando a validade de uma pesquisa na qual se usa a escala de 1 a 10? Por que isso agora?

Estou, sim. Aproveitando sua presença, Macaco Véio, o número 7 para você significa um número ótimo, bom, regular, ruim ou péssimo?

> Bom, se eu tirasse 7 nas provas de matemática e português quando era pequeno e não ficasse em recuperação, tinha economizado um monte de chineladas na bunda.

Cuidado, Macaco Véio, hoje isso dá cadeia. Não se pode bater em crianças. Mas, tudo bem, vamos voltar ao assunto. Quer dizer que 7 para você é bom, porque 6 era a média na escola? Então, você criou um valor simbólico para o 7, que está ancorado em seu cérebro. Toda vez que você avalia algo, a base média é 6, o que é errado, pois na verdade é 5. A metade de 10 é 5. Então, regular para você é 6?

> É! Para mim, 6 era a média da escola.

Cruz credo, Macaco Véio. Desde quando? Depois dessa, vou chamar a Princesa, porque está difícil o negócio com você.

Olá, Princesa. Como está você? Vou fazer a mesma pergunta que fiz ao Macaco Véio. O número 7 para você significa um número ótimo, bom, regular, ruim ou péssimo?

> Estou muito bem, Peruzzo. Obrigada! O número 7, para mim, é regular. Nossa, eu estudei em escola particular, nunca reprovei de ano, pois sempre fui uma aluna aplicada. Mas, quando tirava 7 meu pai já ficava chateado comigo.

Que confusão! O Macaco Véio ficava feliz quando tirava 7 e você ficava indiferente? Princesa, quer dizer que para você 7 é a média. Está ficando pior do que eu imaginava, pois, como sabemos, o ponto médio, a mediana de 1 a 10, é 5. E para você é 7. Deus te abençoe se você um dia for um gestor de recursos humanos e avaliar seus funcionários usando a escala de 1 a 10, o coitado do funcionário já começa em desvantagem, com a média 7. Isso não existe. Mas, obrigado de qualquer forma Princesa.

A minha salvação é o Einstein. Meu querido Einstein, me ajude! O número 7 para você significa um número ótimo, bom, regular, ruim ou péssimo?

> Que pergunta óbvia. Não teria algo mais complexo para solicitar minha participação? O número 7 é ruim. Na minha escola, que era um colégio militar, a média era 7,5. Se eu tirasse 7 estaria reprovado. Sempre tirei acima de 8,5.

Obrigado, Einstein. Metido você! Agora complicou de vez. Se a média do mundo fosse 8,5 estaríamos todos fritos. Mas foi muito importante a participação de vocês, porque o leitor aprendeu de uma vez por todas que nossa avaliação individual em uma escala de 1 a 10 é visual, simbólica e ancorada através de processos inconscientes, irracionais e principalmente pelo neurônio-espelho. Ou seja, cada um teve um aprendizado diferente, inserido em seu próprio ambiente memético.

Posso resumir que, de forma inocente, você, pela ciência da matemática e validação estatística, provavelmente já aceitou um resultado com essa maldita escala de 1 a 10. Contudo, a neurociência indica que, na verdade, você está tomando uma decisão absolutamente equivocada.

Ainda não se convenceu? Bem, você realmente é jogo duro. Vou lançar um desafio. Imagine que você enviou pelo correio uma pesquisa de satisfação para 1.000 clientes, sendo que 100 deles responderam usando a bendita escala da nota 7.

Como é de praxe ligar para o cliente para dar um feedback depois de uma pesquisa de satisfação, qual seria sua abordagem aos que lhe deram nota 7?

a. Olá, cliente! Obrigado por estar satisfeito com nossos produtos. Temos mais ofertas e estamos à sua disposição.

b. Olá, cliente! Notamos que você está um tanto quanto ausente da nossa empresa. Qual o motivo de sua indiferença? Podemos fazer algo para estabelecer novos vínculos comerciais?

c. Olá, cliente! Primeiramente, obrigado por sua participação, pedimos desculpas por qualquer ato falho de nossa empresa. Estou à disposição para qualquer esclarecimento que seja necessário.

Então, qual seria sua abordagem?

Não interessa! Seja qual for, você vai errar, e feio. Sabe por quê? Porque você está brincando de Deus, interpretando dentro de sua visão memética, em seu mundo, o significado do número 7, e dessa forma está criando uma abordagem para o cliente sem levar em consideração o que ele realmente quis representar na pesquisa. Enfim, você tem 66% de chance de ligar para o cliente e falar uma grande besteira.

> É simples. Pare com esse negócio de usar escalas de 1 a 10 e use a famosa escala Likert, usando ótimo e bom como grau de favorabilidade, o regular como grau de indiferença, e o ruim e péssimo com grau de desfavorabilidade. Simples. Na pior das hipóteses, se teimar em usar escalas numéricas, use algo não padrão, como escalas de 1 a 3, ou de 1 a 5, que não trazem ancoragens visuais da infância ou da adolescência de aluno brasileiro.

Esse é o nosso Einstein! Sempre com a solução pronta.

Espero que você tenha compreendido a importância do uso das escalas, e sua validade ou não em pesquisas.

Minha real intenção, além de evitar que produtos e serviços sejam validados de forma errada para o mercado, é não permitir que pessoas, eu disse, pessoas — seres humanos — que possuem emoções, famílias, desejos, sonhos, limitações e grandezas, sejam avaliadas de forma injusta.

Até porque, como você viu, quanto maior o nível educacional do gestor, mais exigente fica a média na escala. Portanto, as metas e o nível de exigência pairam lá nas alturas.

Como é que se faz neste caso?

Minha dica: peça para o responsável pelos indicadores ler este livro.

21 Como criar um Frankenstein em neuromarketing

A doce ilusão de que as partes formam o todo!

Você acredita em monstros? E a história do Frankenstein? Você conhece? É um filme de terror produzido em 1910, baseado no livro de Mary Shelley, no qual um jovem estudante, interessado nos mistérios da vida e da morte, e totalmente envolvido pela ambição de criar um ser humano, coloca em prática seu desejo e em uma noite cria o Frankenstein. Antes de continuar, mais uma curiosidade. Na primeira versão do filme foi a única vez que o estudante realmente criou o monstro. Nas outras versões o monstro foi criado com parte de cadáveres.

Pois bem, é neste ponto que eu gostaria de chegar, na construção de um monstro feito por partes, não de cadáveres, mas de pessoas vivas, através de pesquisas de mercado tradicionais ou neurocientíficas. Então, é melhor acreditar que existem monstros. Agora, se um monstro criado em laboratório presta para alguma coisa, sinceramente, tenho minhas dúvidas.

Aproximadamente 80% dos produtos que são lançados fracassam. Por exemplo, no segmento de perfumes, esse é o destino de 60% das fragrâncias lançadas, mas é obvio que você não percebe tal situação, pois os perfumes clássicos escondem os fracassos das grandes marcas internacionais.

Muitas são as razões do número enorme de fracassos, mas a principal, em minha opinião, é a teimosia científica de brincar de Deus e criar novos Frankenteins todos os dias. Desculpem-me alguns neurocientistas, marqueteiros e pesquisadores que, baseados em algoritmos, estatísticas e softwares, conseguem validar através da matemática qualquer resultado, criando possíveis monstrinhos, desde que uma informação gerada da soma de dados de biologias individuais tenha significância estatística.

Quando o produto final vai para o mercado, a coisa torna-se bem diferente. Daí começa a caça às bruxas. Quem é o culpado? Pesquisa e desenvolvimento? Marketing? Vendas?

Enfim, é necessária uma fusão rápida entre a ciência, o mercado e, acima de tudo, o bom senso. No entanto, não deve ser esquecido o ingrediente principal, cuja importância são poucos os que se dão conta, que é a intuição, derivada da experiência do Macaco Véio e dos insights da Princesa.

Todos nós sabemos que não vivemos mais em um mundo de uma pista lenta, onde as coisas acontecem de forma tranquila, sem estresse e sem demandar forte atividade cerebral nos consumidores.

Ao contrário, vivemos em um mundo de pista rápida, na era da depressão, do acesso à informação rápida e instantânea, no qual, lamentavelmente, alguns modelos de avaliação mercadológica e também fisiológica ainda estão na época da pista lenta. Eis o motivo para tantos fracassos.

Vamos entender, na prática, algumas mentiras que são contadas ao mercado de forma bem tranquila e serena, com as pessoas simplesmente aceitando tais argumentos, com aquela carinha de: Oh! Que legal!

Aqui está um exemplo clássico de neuromarketing. Falar que existem milhões de dados que o EEG captura e que milhares de cruzamentos estão disponíveis para análise, bem como um mundo de possibilidades em interpretações fantásticas é uma grande, enorme, e sensacional bobagem.

Os algoritmos criados atualmente no mercado para interpretar tais ondas cerebrais são de propriedade de, no máximo, uma dezena de empresas, todas com direitos reservados, cujo código fonte, se liberado para mercado, obviamente custaria uma fortuna, se é que há alguém disposto a isso.

Podemos contar nos dedos os neurocientistas no mundo capazes de usar os dados brutos do EEG e interpretá-los como informações comportamentais e mercadológicas e não meramente neurológicas. No Brasil, então, esquece. Temos que usar tecnologia de fora para isso, existem softwares que fazem todo o processo.

É puro marketing das empresas de neuromarketing o exagero de milhões e milhões de dados como diferencial competitivo. Duvida? Peça para seu fornecedor de neuromarketing, que diz que pode cruzar milhões de ondas alfa, beta, delta, teta e até gama, fazer a interpretação dos dados na sua frente. Sem a história e uso de um relatório final sofisticado e uma apresentação pirotécnica, você vai ficar esperando, sentado, a explicação.

Excluindo as análises de eye tracking, que são mais explícitas por serem visuais, e o uso de médias, medianas e modas, que demandam um menor grau de estresse, as metodologias como eletroencefalograma, condutância de pele e frequência cardíaca são as mais praticadas nas pesquisas de neuromarketing. E cometem erros gravíssimos, entregando para os clientes, desconhecedores do assunto, um resultado estatisticamente perfeito e com alta significância estatística, obtidos através de softwares e algoritmos cujos procedimentos de cálculos internos os pesquisadores, muitas vezes, não têm a mínima ideia de como realmente são executados.

Na verdade, o que acontece é que, na maioria das vezes, se entrega ao cliente, em uma pesquisa de neuromarketing, um perfil de consumidor que não existe, um monstro, um verdadeiro Frankestein, mistura de biologias, médias e medianas, tratando o ser humano como uma pesquisa de opinião quantitativa, ou como um cálculo estrutural para um prédio. O nosso corpo é dinâmico. Nosso cérebro possui uma plasticidade incrível. Imagine as estruturas de um prédio com plasticidade, o prédio cairia!

Duvida ou está irritado com a afirmação? Eu sei que questionar o padrão que se aprende há dezenas de anos vai, no mínimo, trazer um enorme desconforto para muita gente.

Para elucidar suas dúvidas, acompanhe então este cenário:

Imagine um grupo de cinco voluntários para uma pesquisa de neuromarketing.

João é um executivo estressado, com um nível de cortisol altíssimo já no período da manhã. É também muito ansioso e hiperativo.

Maria é dona de casa, mãe de duas crianças e possui tendência genética para diabetes tipo 2, a qual já está se manifestando.

Raul é esportista, muito religioso e com uma saúde impecável.

Lia tem um problema genético que herdou dos pais, dois pares do gene 5HTT, com alelo curto. Biologicamente, por dificuldades de transporte da serotonina, é uma pessoa com tendência à depressão.

Lucas é vegetariano, tem 25 anos, pratica esporte e é budista. Seu apelido é Poliana, pois sempre consegue ver o lado bom das coisas.

Vamos fazer a análise dos cinco personagens em relação ao uso das tecnologias de pesquisas EEG e condutância de pele. Einstein, o que você pode falar do João?

> Vamos lá, Peruzzo! Em relação ao João, com o cortisol alto de manhã, e por ser estressado e hiperativo, trata-se de um voluntário que já chega com ondas beta altíssimas e com a condutância de pele em níveis altos, pois é agitado. Por si sós, seus estímulos sensoriais, que são fortíssimos, irão alterar muito o resultado desse voluntário comparado com a biologia de outras pessoas menos estressadas. Não podemos misturar as duas biologias.

Quanto à Maria, ela já possui diabetes 2 e seu organismo trabalha de forma diferente dos demais voluntários. Ela manifesta sintomas de fome, sede e visão turva, que comprometem, por exemplo, as análises visuais que usam o eye tracking. Quanto ao Raul, sabendo que é religioso e que a fé produz serotonina, deve ser uma pessoa equilibrada emocionalmente e, por essa razão, há a tendência de ele validar positivamente os estímulos até de um produto não é tão bom assim. A Lia tem um problema, a incapacidade de transporte efetivo da serotonina que é um fator potencializador de depressão, ou seja, ela tenderá a avaliar negativamente os estímulos. Já o Lucas é equilibrado em serotonina e não dependente da liberação de dopamina para ser feliz. Para ele, tudo sempre é maravilhoso.

Mas o que isso significa, Einstein? Faz um resumo para que eu entenda melhor a situação.

Peruzzo, isso significa que são pessoas diferentes e que devemos entender a quantas biologias tal produto, ou qualquer outro estímulo, são compatíveis. Quanto mais biologias compatíveis, das mais diversificadas, mais chance de obter sucesso no lançamento do produto.

Mas não é isso que a maioria das empresas de neuromarketing faz?

Não, Peruzzo, eles pegam o resultado individual de cada voluntário, seja em níveis de atenção, engajamento, memória, excitação ou emoção, agrupam tudo, repito, agrupam as variáveis e criam medianas e médias e buscam significância estatística.

Vamos devagar! Quero entender melhor! Quer dizer que a Maria teve um nível de memória 0,7 e o Lucas 0,5, e eles criam um Frankestein com um 0,6? Isso é um absurdo.

As Três Mentes do Neuromarketing

Sim, Peruzzo. O valor 0,6 é um Frankestein, um monstro. Ele não existe. É um erro gravíssimo. Então, o marketing gasta milhões vendendo para esse monstrinho 0,6. Como está perto do 0,7 e do 0,5, às vezes acerta e até ganha prêmio, mas é sorte. Atualmente, mais erra do que acerta.

Devemos entender as pessoas de forma individual, vale lembrar da palavra grega *indivisus*. As pessoas são indivisíveis, geneticamente e memeticamente diferentes. Temos que entender como a Maria entrou no experimento e como ela saiu, além de perceber os resultados fisiológicos dela, sem misturar com os dos outros voluntários. Como disse anteriormente, temos que buscar o maior número de biologias compatíveis.

Você pode resumir, de forma simples, a ideia?

Claro! Preferencialmente, não se valida um produto a partir da média da biologia das pessoas. Primeiro é preciso validar o produto com a maior quantidade de biologias compatíveis. Por exemplo, se 60% dos voluntários em pesquisa de neuromarketing demonstrarem resultados positivos em relação ao um produto, então é de responsabilidade do marketing das empresas decidir se lançam ou não um produto. Aí é uma questão de estratégia. Cada cabeça, uma sentença.

Obrigado, Einstein. Muito elucidadora a explicação.

Minha função, como profissional de marketing e neuromarketing é esclarecer as dúvidas da sociedade, principalmente de empresas e agências que ainda não dominam tais técnicas, e que, por falta de conhecimento, podem investir seu orçamento de pesquisa e desenvolvimento em projetos de neuromarketing ineficazes. Posso estar exagerando, provavelmente sim, ou estar contaminado pelo meme do neuromarketing, mas repito, quando vejo que 80% dos produtos lançados no mercado fracassam, um anjinho me sopra ao ouvido que alguma coisa não está correta na metodologia, aplicação, validação e análise das pesquisas tradicionais.

Vale uma boa reflexão!

Avan

çado

Pesquisas de neuromarketing em ação

"Para pesquisar a verdade é preciso duvidar, quanto seja possível, de todas as coisas, uma vez na vida."

René Descartes

22 Revelado o segredo do sucesso do *Gangnam Style*

683 bilhões de motivos para entender o neuromarketing do Psy

Inacreditável! É o mínimo que um profissional de marketing deve imaginar ao ver o sucesso do clipe *Gangnam Style*, do cantor coreano Psy, com o total de 1.250.947.065 visualizações. Isso mesmo, você não se confundiu com os números, mais de um bilhão de visualizações.

O Ipdois Neurobusines realizou uma pesquisa de neuromarketing, sem qualquer vínculo ou interesse comercial, com a finalidade de entender os efeitos neurológicos que esse fascinante clipe proporciona em seus espectadores.

Participaram da pesquisa 40 voluntários, de ambos os sexos. O levantamento foi realizado em Curitiba, entre os dias 22 e 23 de janeiro de 2013. Foram usadas as seguintes tecnologias na pesquisa: eye traking, face reading e condutância da pele.

Estou curioso para saber o resultado, pois, em sã consciência, não consigo entender como um clipe de um coreano, do qual não se entende uma palavra, fez tanto sucesso no Brasil e no mundo.

Então se prepare, porque as informações são reveladoras.

Vamos começar pelo tempo real gasto pelas pessoas para assistirem ao clipe *Gangnam Style*. A duração oficial é de 4min13s, porém, através do sistema de monitoramento ocular, somando total de fixações e o respectivo tempo de cada fixação, o tempo médio utilizado por cada espectador foi de 3min38s.

Tudo bem, mas para que serve esse tipo de informação?

Einstein, o Ipdois Neurobusiness é a primeira empresa da América Latina especializada em validar o grau de atenção de clipes musicais através do neuromarketing.

Não resta dúvida de que um clipe de sucesso como esse se torna um benchmarking, ou seja, uma referência de sucesso. Existem outros clipes, dos quais fizemos a análise, em que o espectador não fica 50% do tempo real assistindo.

Alguns dados inimagináveis foram mensurados através da nossa pesquisa. Em média, cada espectador teve 546 fixações durante o clipe *Gangnan Style*, o que multiplicado pelo número de visualizações do coreano Psy proporcionou aproximadamente 683 bilhões de fixações oculares de seres humanos. Trata-se de um número sem precedentes em toda a história da mídia.

Esses números deixam o Einstein impressionado, mas quero saber sobre os aspectos visuais do clipe, já que os dados até aqui apresentados foram mensurados pela tecnologia de eye tracking.

Macaco Véio, você tem toda a razão.

O clipe proporciona grandes momentos de interesse nos espectadores e existem alguns motivos óbvios para tantas visualizações, como a necessidade mais inerente a todo ser humano, principalmente a você, Macaco, o sexo.

Veja as sequências de imagens na próxima página (Figuras 17 e 18) e observe qual é a principal área de interesse das pessoas, através do recurso de mapa quente:

Revelado o segredo do sucesso do *Gangnam Style*

Figura 17: Cenas do clipe *Gangnam Style* com heat map

Fonte: YGEntertainment - https://www.youtube.com/watch?v=9bZkp7q19f0

As Três Mentes do Neuromarketing

Figura 18: Cenas do clipe *Gangnam Style* com heat map

Fonte: YGEntertainment - https://www.youtube.com/watch?v=9bZkp7q19f0

> Acabei de descobrir por que eu amo esse clipe. Ele estimula meus instintos mais poderosos. Ah! Eu achei que o clipe é muito rápido e eu não consegui prestar atenção em todos os detalhes.

Macaco Véio, você prestou atenção sim, mas inconscientemente. Prestar atenção conscientemente é coisa do Einstein. Aliás, a bem da verdade, ele vê muito pouco.

Não conta para ele, hein!

O mais incrível é a quantidade de cenas envolvidas no clipe. Consideramos cena como toda imagem em movimento até uma troca para outro cenário. O clipe possui um total de 109 cenas. Em nossa pesquisa analisamos neurocientificamente cena a cena, e os resultados foram incríveis. As três com o maior nível de atenção, que é a somatória do tempo da fixação pela quantidade de fixações, foram: a cena 107 com 20 segundos de fixações em média por pessoa (Figura 19); a cena 57, com oito segundos de fixações (Figura 20); e a cena 3, com seis segundos de fixações (Figura 21).

Figura 19: Cena 107

Figura 20: Cena 57

Fonte: YGEntertainment – https://www.youtube.com/watch?v=9bZkp7q19f0

Figura 21: Cena 3

Fonte: YGEntertainment – https://www.youtube.com/watch?v=9bZkp7q19f0

 Eu também quero fazer parte da análise. Como você sabe, o hipotálamo é quem controla a temperatura do corpo, assim, quero saber quais são as cenas onde houve excitação através da condutância de pele.

Seu pedido é uma ordem.

Em relação aos picos de excitação, através da condutância de pele, os resultados são normalmente bem individuais, pois cada pessoa tem um histórico emocional diferente.

O mais fantástico no clipe é que existem cenas que proporcionaram picos de excitação emocional em vários voluntários e isso, sem dúvida, demonstra o forte apelo emocional promovido pela experiência em assistir ao clipe.

Selecionamos as cinco cenas que proporcionaram um pico de excitação altamente significativo igual ou superior a 25% dos voluntários.

São elas: cena 107, com 56% dos voluntários, cena 2, 6, 20 e 70, com 25% cada.

Na próxima página (Figuras 22 a 26), você poderá observar as cenas que têm maior nível de excitação.

Figura 22: Cena 107

Figura 24: Cena 20

Figura 23: Cena 2

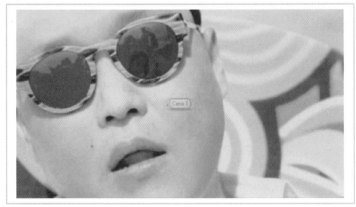

Fonte: YGEntertainment - https://www.youtube.com/watch?v=9bZkp7q19f0

Figura 25: Cena 6

Fonte: YGEntertainment - https://www.youtube.com/watch?v=9bZkp7q19f0

Figura 26: Cena 70

Fonte: YGEntertainment - https://www.youtube.com/watch?v=9bZkp7q19f0

Aliás, também analisamos as microexpressões faciais dos voluntários, monitorando as emoções: alegria, tristeza, medo, nojo, raiva e surpresa. A variabilidade das emoções no clipe *Gangnan Style* foi incrível, pois ele estimula uma experiência emocional única, fazendo com que os voluntários que estavam alegres (valência positiva), ao trocar de cena, mudassem seu estado de humor imediatamente, em especial para tristeza e surpresa, ou e vice-versa. As emoções raiva, medo e nojo não foram significativas, demonstrando que o clipe não tem uma característica de aversão para o voluntário.

Impressionante! No quesito emocional, eu levo vantagem sobre o Einstein. Se ele quiser omitir uma emoção em uma pesquisa, ele consegue, mas eu não. Como vou impedir uma mudança de temperatura em minha pele.

Mas você chegou a uma conclusão estatística?

Foi extremamente difícil perceber um padrão entre os voluntários, o que representa bem a ideia de tentar criar um Frankenstein na pesquisa de neuromarketing.

Perfeito, Princesa. As modernas metodologias de neuromarketing monitoram todas as emoções.

O que percebemos é que em 28% dos voluntários o sentimento alegria foi muito intenso nos primeiros 90 segundos do clipe.

Para você ter ideia da questão heterogênea emocional entre os sentimentos de alegria, surpresa e tristeza, veja na tabela abaixo o percentual de cada uma delas:

Tabela 7: Indicadores de face reading

EMOÇÃO	QUANTIDADE	PERCENTUAL
Tristeza	197	43%
Surpresa	123	27%
Alegria	77	17%
Medo	29	6%
Raiva	26	6%
Nojo	11	2%

Fonte: Ipdois Neurobusiness ©

Não quero ser chato, mas como é o relatório das emoções das microexpressões? Alguém fica olhando a face dos voluntários? Eu gosto das coisas com detalhes científicos.

Em respeito à privacidade, omitimos o nome do voluntário em questão. Veja abaixo um relatório (Figura 27) obtido através do software de face reading, da Noldus Technology, sobre as microexpressões mensuradas nos 4min13s do clipe. Realmente é muito intenso, confira:

Figura 27: Relatório face reading

```
Video analysis state log - Face Model: General - Calibration: None
Start time:    23/1/2013 22:01:03
Filename:      C:\Documents and Settings\IP2\Meus documentos\facereader,
gangnan style\2013-01-22 17-15-09.842.asf
Frame rate:    29,97002997003

Video Time     Emotion
00:00:00.000   Unknown
00:00:00.533   Neutral
00:00:13.446   Happy
00:00:14.147   Neutral
00:00:15.548   Happy
00:00:21.821   Neutral
00:00:25.392   Happy
00:00:48.948   Neutral
00:00:53.019   Happy
00:00:57.824   Neutral
00:00:58.391   Happy
00:01:01.494   Neutral
00:01:13.673   Sad
00:01:16.042   Neutral
00:02:07.093   Happy
00:02:08.094   Neutral
00:02:44.063   Sad
00:02:46.866   Scared
00:02:47.667   Happy
00:03:15.361   Neutral
00:03:57.237   Sad
00:03:59.038   Neutral
00:04:11.684   Sad
00:04:12.118   END
```

Fonte: Ipdois Neurobusiness ©

As Três Mentes do Neuromarketing

 Depois desta pesquisa é possível descrever qual o segredo para ter um clipe musical de sucesso?

Olha, Macaco Véio, realmente o *Gangnan Style* é uma excelente referência para quem desejar produzir um clipe musical de sucesso.

Com certeza podemos citar as seguintes características que fizeram desse vídeo o mais visto de toda a história da mídia moderna.

Vamos analisar alguns pontos importantes:

- Usar elementos que remetem aos nossos instintos mais primitivos, como o sexo, mesmo que de forma sutil.

- Possuir um ritmo frenético, constante e com total harmonia entre o ritmo da música e os personagens, em especial os protagonistas, o cantor Psy e a cantora Hyuna, que possuem uma sincronização impressionante.

- O fato do cantor Psy não corresponder ao estereótipo padrão dos cantores que figuram nas paradas de sucesso faz com que nosso cérebro fique atento por ser algo diferente, um verdadeiro desvio padrão.

- Foram mais de 109 cenas em apenas 4min13s. Um ritmo frenético desses é como um imã para o nosso sistema visual. Como não podemos ver tudo que está se passando, cada vez que você assiste ao vídeo acaba vendo algo diferente.

- O vídeo foi gravado, produzido e editado por profissionais de grande experiência. Ao analisar o clipe, frame por frame, é notória a preocupação com cada detalhe, e verifica-se que não se trata de nada amador.

- É muito relevante entender que o Psy e a Hyuna não são artistas desconhecidos e amadores, pelo contrário, podemos dizer que já são "Macacos Véios", e que o sucesso mundial viria, mais cedo ou mais tarde.

- A criação de memes verbais poderosíssimos, como o refrão "sexy lady", e não verbais, como a dança do cavalo, foram imprescindíveis para o sucesso do vídeo.

Revelado o segredo do sucesso do *Gangnam Style*

> É possível afirmar que ao utilizar os mesmos elementos do clipe em um novo vídeo, a fórmula do sucesso poderá ser repetida?

Não, Einstein. Cada obra audiovisual possui sua própria característica e seu ambiente memético único. O melhor com certeza é realizar uma validação de um novo vídeo através de pesquisa de neuromarketing, para minimizar erros e realizar ajustes necessários e, enfim, oferecer ao público mais vídeos de alta qualidade como esse que analisamos.

> Tenho uma novidade.
>
> O leitor pode visualizar todo este estudo no endereço http://www.ipdois.com/gangnamstyle.

Mandou muito bem, Macaco Véio. Vale lembrar que a análise de um videoclipe usa o mesmo modelo de pesquisa destinado a analisar propagandas e comerciais de televisão.

É impressionante a quantidade de informações que o neuromarketing pode oferecer aos gestores de marketing e, assim, diminuir, e muito, o risco de uma campanha mal concebida. No neuromarketing, primeiro faz-se a pesquisa e os ajustes, para depois veicular com sucesso. Infelizmente, no marketing tradicional muitas vezes veicula-se um comercial, para, depois do investimento realizado, entender se deu ou não certo.

O que podemos entender depois desta pesquisa de neuromarketing é que, de forma justa, o cantor Psy fez por merecer o sucesso estrondoso de seu clipe *Gangnam Style*.

23 O poder do verde

A cor ideal para o sucesso do fast food[*]

Em todos os cursos de marketing e de comunicação pelo menos alguns minutos de explicação são garantidos pelos professores e instrutores para falar da aplicação do vermelho e do amarelo em materiais promocionais, de merchandising e em embalagens de produtos derivados do fast food.

Entretanto, será que o vermelho e amarelo são as cores que realmente estimulam o consumidor a prestar mais atenção e a comprar produtos de fast food?

Imagino que você também não arriscaria empreender uma lanchonete sem abrir mão das famosas cores quentes.

---
[*]Este capítulo está disponível no site da editora Alta Books, em cores. Acesse www.altabooks.com.br e procure pelo título do livro.

> Com certeza eu não arriscaria lançar todo material de comunicação utilizando cores frias. Minha formação em comunicação sempre me disse que cores quentes como vermelho indicam calor, são muito estimulantes e chamam muito a atenção. E que o amarelo também é estimulador, pode ser visto de muito longe e, inclusive, como alguns estudos afirmam, estimula a fome quando as pessoas estão com o estômago vazio.

Quem sou eu para questionar a psicologia das cores, mas posso ter o direito de realizar uma pesquisa de neuromarketing, para quem sabe, validar essas teorias?

> Claro que pode, mas não é teoria, é realidade.

Einstein, é perigosa essa sua mania de sempre acreditar na teoria e aplicá-la cegamente em tudo, como se fosse uma fórmula mágica infalível. Vamos lá!

O Ipdois Neurobusiness realizou uma pesquisa de neuromarketing com 60 voluntários, em janeiro de 2012, metade homens, metade mulheres, com o objetivo de entender a dinâmica das cores quentes, representadas pelas cores vermelha e amarela, e das cores frias, verde e azul.

Foi utilizada a metodologia de eye tracking para monitorar o movimento ocular dos voluntários e, assim, entender a dinâmica das cores em relação aos objetos respectivamente quentes (sanduíche e batata frita) e frios (martelo e prego).

> Entendo. Você contrastou as cores frias e quentes com objetos frios e quentes para entender qual deles chama mais atenção?

Isso mesmo, Einstein.

Parece-me óbvio que o vermelho e o amarelo, sendo tão poderosos para fast food, farão com que os elementos sanduíche e batata frita vençam, de longe, os elementos martelo e prego.

Vamos então aos resultados. Colocamos os elementos martelo/prego (Figura 28) e sanduíche/batata frita (Figura 29) contrastando com as cores quentes, amarelo e vermelho.

Figura 28: Estímulo martelo/prego com heat map

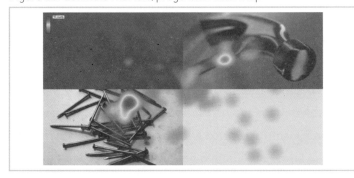

Figura 29: Estímulo sanduíche/batata frita com heat map

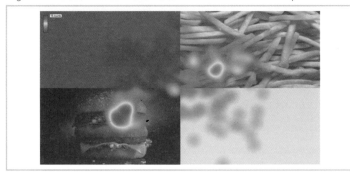

Fonte: Ipdois Neurobusiness ©

Vamos aos resultados:

Tabela 8: Indicadores de eye tracking

ELEMENTO	TPF[1]	DF[2]	QF[3]
Martelo	0,3s	0,3s	5,5
Prego	0,5s	0,4s	5,8
Batata frita	0,4s	0,3s	5,6
Sanduíche	0,5s	0,3s	5,5

Fonte: Ipdois Neurobusiness ©

Peruzzo, não entendi. Quando a gente analisa o tempo para a primeira fixação, o objetivo é entender o elemento que mais rapidamente o voluntário observou, certo?

Sim, Macaco. Para o tempo da primeira fixação, que representa essencialmente um processo decisório inconsciente, quanto menor o resultado, melhor. E, quem

---

[1] TPF: Tempo para a primeira fixação

[2] DF: Duração da fixação

[3] QF: Quantidade de fixações

diria, o vencedor foi o martelo. Em relação à duração da fixação, que demonstra interesse no objeto, os resultados foram bem parecidos, mas o prego venceu. Mais uma vez, um elemento frio. Quanto à quantidade de fixações nos elementos, mais uma vez os resultados foram bem parecidos, com uma leve vantagem para o prego.

> O sanduíche e a batata frita, como elementos quentes, não deveriam ter um resultado melhor?!

Eu não tenho culpa, Einstein, minha função como pesquisador é entender a dinâmica das cores.

Para fazer um contraste muito importante para o estudo, vamos analisar os elementos, martelo/prego (Figura 30), sanduíche/batata frita (Figura 31), relacionando-os com as cores frias verde e azul.

Figura 30: Estímulo martelo/prego com heat map

Figura 31: Estímulo sanduíche/batata frita com heat map

Fonte: Ipdois Neurobusiness ©

Vamos aos resultados:

Tabela 9: Indicadores de eye tracking

ELEMENTO	TPF	DF	QF
Martelo	0,7s	0,3s	4,8
Prego	0,4s	0,4s	6,5
Batata frita	0,8s	0,3s	4,3
Sanduíche	0,4s	0,3s	6,4

Fonte: Ipdois Neurobusiness ©

É impressão minha ou o sanduíche se deu muito melhor com as cores frias, verde e azul?

Parece que sim.

Em relação ao tempo da primeira fixação, o sanduíche e o prego ganharam.

Já na duração da fixação, os resultados foram equilibrados.

Mas, em quantidade de fixações, a dupla prego e sanduíche se destacou frente aos demais.

Será que alguém vai fazer um comercial com prego e sanduíche?

Pare com isso, Princesa.

A coisa aqui é séria.

Mas podemos criar uma competição entre o prego e o sanduíche.

Nas Figuras 32, 33, 34 e 35, para os estímulos com a visualização do heat map, colocamos como objetos de pesquisa os elementos prego e sanduíche interagindo com cada cor, separadamente.

Figura 32: Estímulo sanduíche/prego com azul

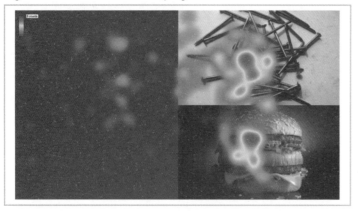

Figura 34: Estímulo sanduíche/prego com vermelho

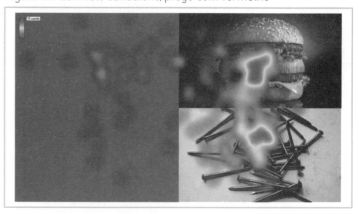

Figura 33: Estímulo sanduíche/prego com verde

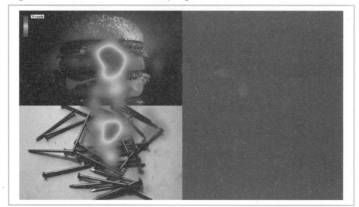

Fonte: Ipdois Neurobusiness ©

Figura 35: Estímulo sanduíche/prego com amarelo

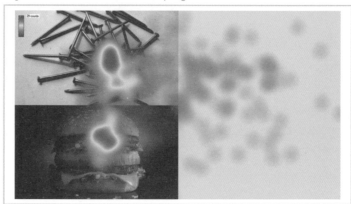

Fonte: Ipdois Neurobusiness ©

Vamos aos resultados:

Tabela 10: Indicadores de eye tracking

COR	ELEMENTO	TPF	DF	QF
Amarelo	Prego	0,4s	0,4s	6,6
Amarelo	Sanduíche	0,7s	0,4s	4,9
Vermelho	Prego	0,8s	0,3s	5,6
Vermelho	Sanduíche	0,3s	0,4s	6,2
Verde	Prego	0,6s	0,4s	4,8
Verde	Sanduíche	0,3s	0,4s	6,8
Azul	Prego	0,4s	0,4s	7
Azul	Sanduíche	0,6s	0,4s	4,6

Fonte: Ipdois Neurobusiness ©

O resultado mais significativo em relação ao TPF foi o do sanduíche, nas cores verde e vermelho, com uma visualização muito rápida.

O DF foi equilibrado. Mas o QF foi significativo, sendo que o sanduíche ganhou do prego de forma significativa apenas na cor verde, e com uma pequena diferença na cor vermelha.

O prego teve uma excelente performance na cor azul e amarelo.

Entendo que não posso questionar o movimento ocular dos voluntários, assim, posso entender que o verde é a cor ideal para fast food.

Não sei se você sabe, mas a cor mais usada pela rede Subway — que recentemente se tornou a maior rede de fast food do mundo em número de lojas — é a cor verde.

Hoje a Subway possui mais de 36 mil unidades, em 99 países. No Brasil, também é líder, com mais de 900 unidades em 27 estados brasileiros.

Quando você pensar em criar uma campanha de comunicação para fast foods, use a intuição e também a psicologia das cores, mas não deixe de validar a campanha através de uma pesquisa de neuromarketing.

24 O poder de atração da legenda

Filme legendado rouba 25% da atenção do telespectador

Enquanto muitos reclamam, e com razão, que filmes dublados perdem em qualidade devido à alteração do áudio original, o filme legendado, apesar de manter a vantagem auditiva, pode demonstrar pontos fracos que demandam uma especial atenção, seja no processo educacional ou em ações de comunicação audiovisuais em neuromarketing.

O Ipdois Neurobusines realizou, na União Educacional de Cascavel (Univel), no Paraná, uma pesquisa com 60 alunos que tinha como intuito entender o impacto que os filmes legendados ocasionam no nível de atenção do telespectador.

O resultado foi revelador, pois existe uma grande diferença do nível de atenção e foco entre filmes legendados e dublados.

Parece-me uma conclusão óbvia. É necessário realizar uma pesquisa de neuromarketing para provar o raciocínio?

Sim, é preciso, Einstein. A opinião popular afirma que os filmes legendados são melhores de assistir porque conservam o ambiente original do filme e também ajudam no aprendizado de idiomas, o que na verdade é bem questionável.

E por mais que pareça ser óbvio que a legenda rouba a atenção, o ponto é o quanto rouba a atenção.

Talvez 5%, 10% ou 15%, ou talvez isso não seja tão relevante.

Mas e se eu te disser que é muito mais, Einstein?

> Tudo bem, me convenceu.

Por meio da técnica de eye tracking, ferramenta de neuromarketing que permite mensurar com exatidão o movimento ocular dos telespectadores, foi possível verificar qual o tempo gasto pelos voluntários na leitura das legendas e na visualização do filme.

O resultado foi surpreendente. Os voluntários passaram 25% do tempo lendo as legendas.

> Esse resultado complica a minha vida! Se eu aprendo através do processo visual ou não verbal, tenho que ficar olhando as letras e estou perdendo o cenário, protagonistas, objetos e detalhes do filme, que se perdem na visualização da legenda, mas que são de fundamental importância para o entendimento do enredo em uma produção.

É isso mesmo, Macaco Véio, você tem que reclamar seus direitos. É claro que os filmes legendados atrapalham significativamente a maneira como a mensagem chega ao telespectador. A pessoa não consegue ver ao mesmo tempo o que se faz no filme (linguagem não verbal) e o que é escrito na legenda (linguagem verbal), portanto, acaba se confundindo. Ou seja, ao ler a legenda, perde o movimento não verbal dos personagens, que transmitem, principalmente, emoções e sentimentos, fundamentais para a compreensão completa do filme.

O poder de atração da legenda

Mesmo de forma inconsciente, as pessoas, ao optarem por um filme legendado, não têm a chance da experiência completa e, consequentemente, têm uma interpretação equivocada do enredo.

Por meio desta técnica de pesquisa, podemos verificar que o estresse é maior ao assistir a um filme legendado do que ao assistir a um filme dublado. Percebemos que a busca pela informação não verbal e verbal nos filmes legendados é tão intensa que é possível verificar o desespero do sistema visual, e também do cérebro, em entender o que se lê e o que se vê, ao mesmo tempo.

Quero fazer uma reclamação. Você está sendo injusto com as pessoas que são portadoras de deficiência auditiva, dependentes da legenda para assistir aos filmes. Você não acha que a pesquisa pode desestimular o uso das legendas no mercado de vídeo?

Princesa, jamais pensei em prejudicar alguém, pelo contrário.

Seria de uma infantilidade enorme alguém deixar de colocar legendas em filmes porque perdemos 25% da atenção do processo visual.

É obvio que estou sugerindo que, nas estratégias de neuromarketing, evitemos o uso da legenda quando o cenário é importante para o contexto da mensagem.

Da mesma forma, se o contexto não é importante, abusemos da legenda e dos textos. Outro fator que me preocupa é o excesso do uso de filmes legendados em escolas e universidades.

Ao assistir a um vídeo, o aluno quase tem a mesma experiência de aprendizado do que ler um livro, pois perde muito do aspecto visual.

Por favor, Princesa, sem preconceitos com uma pesquisa de neuromarketing.

> Tudo bem. Não que eu duvide da pesquisa, mas é possível demonstrar visualmente essa diferença entre um filme legendado e dublado?

Claro, Macaco, você tem todo direito de fazer esse tipo de solicitação.

Nas Figuras 36 e 37 temos dois momentos distintos do filme *Batman – O cavaleiro das trevas ressurge*, que foi usado como estímulo da pesquisa de neuromarketing, nos quais percebemos claramente os pontos quentes de atenção.

Figura 36: Contraste de cena com e sem legenda

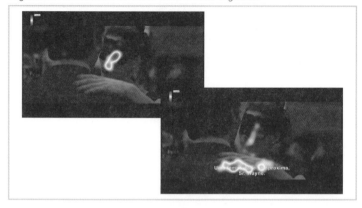

Figura 37: Contraste de cena com e sem legenda

Fonte: WarnerBrosPictures - https://www.youtube.com/watch?v=7gFwvozMHR4

O poder de atração da legenda

Não sendo chato, mas de onde você tirou esse percentual de 25% de atenção na legenda? Apenas pela análise visual dos mapas quentes? Não há estatística nisso?

Foi criada uma área de interesse (AoI), Figura 38, que depois foi comparada com o tempo total que o telespectador ficou visualizando o AoI da área de legenda, contra a área restante do estímulo visual.

Claro que não, Einstein. Como eu sei que você é chato e quer as coisas todas em números, citações, estatísticas e variáveis, então vamos às variáveis encontradas no filme dublado e no legendado.

No filme dublado, a duração de cada fixação ficou em 0,5s.

Já no filme legendado, a duração da fixação foi de 0,3s.

Isso demonstra menos qualidade e tempo na atenção do telespectador em cada visualização do filme legendado.

Em relação aos 25% do tempo do telespectador lendo a legenda, a análise foi simples.

Figura 38: Contraste de cena com e sem legenda

Fonte: WarnerBrosPictures - https://www.youtube.com/watch?v=7gFwvozMHR4

Sem dúvida, não tenho mais o que questionar. Sabe como é, a vida inteira usando pesquisa tradicional e agora, com essas novas tecnologias, demoro um tempinho para me acostumar.

Não se preocupe, Einstein, eu entendo perfeitamente.

Então, uma dica: muito cuidado com o excesso de frases em suas campanhas de neuromarketing, pois elas poderão roubar a atenção, deixando seus produtos em segundo plano.

25 Compre 2 e leve 1,5

A manipulação do visual merchandising nos Macacos desprevenidos

É impressionante o quanto o visual merchandising estimula nossos olhos em uma loja de varejo.

Quando entramos nas lojas das grandes grifes nos sentimos possuídos pelo desejo de comprar o melhor para que, com isso, nos sintamos pessoas melhores. É a briga inconsciente para deixar nossa Princesa feliz e nosso Macaco poderoso.

Considerando que o cliente torna-se refém dessa experiência sensorial, muitas vezes ele acaba se transformando muito mais em vítima de uma promoção do que um beneficiário dela.

Algo me diz que você está chateado com alguma empresa que o passou para trás!

Pois é, Macaco Véio.

Sou professor e, veja só, ensino neuromarketing e até considero que tenho um Einstein razoavelmente bom. Agora, ser passado para trás, realmente não é confortável. Meu Einstein falhou.

Peruzzo, então sente no divã e abra o coração.

Princesa, abrir o coração não vai resolver o problema. Já aconteceu. As empresas precisam ter cuidado com as ações manipuladoras de neuromarketing, pois apesar de ter sido enganado, agora o meu Einstein tomou conhecimento da besteira que fiz e me cobrou uma atitude racional e justa.

É isso mesmo. Sugeri ao Peruzzo que fizesse uma pesquisa de neuromarketing simulando as placas promocionais.

Antes de tudo, Einstein, deixe-me contar como aconteceu a história.

Eu estava em uma loja de grife em Orlando, na Flórida, quando li em uma placa, em cima de um balcão com várias camisas, o anúncio, bem visível, de uma promoção (Figura 39).

Figura 39: Placa normal e com heat map

Fonte: Ipdois Neurobusiness ©

Nesse momento vi, imediatamente, a mensagem sendo enviada ao meu Macaco: 40% de desconto. Uma camisa de marca internacional que custava US$60, com 40% de desconto, sairia por apenas US$36. Não tive dúvida. Comprei logo, por impulso, seis peças.

Tudo bem, confesso, fiz uma pesquisa antes, por um aplicativo de comparação de preços, através do iPhone, para saber quanto custava a mesma camisa no Brasil. Simplesmente, o triplo. Estava fazendo o melhor negócio da minha vida. Quando entrei na fila do caixa, meu Einstein calculou seis camisas, por US$36 cada, totalizando US$216. Meu Macaco gritava: Excelente oportunidade! O Einstein vai ficar orgulhoso.

Ao passar os itens pelo caixa para pagamento, veio a surpresa: o total da compra era de US$270.

Questionei o atendente, cujo nome era Paul, e a resposta foi a seguinte: O senhor não viu a promoção errada? Disse que não. Afirmei que lá indicava um desconto de 40%. Paul, muito gentil, me levou ao balcão das camisas e me mostrou a seguinte promoção, só que, dessa vez, escrita do outro lado da placa

(Figura 40): Compre uma camisa e ganhe 50% de desconto na compra de outra camisa.

Figura 40: Placa normal e com heat map

Fonte: Ipdois Neurobusiness ©

Mas não foi a placa que eu vi. Pedi para que Paul visse no outro lado do balcão o verso da placa, em que estava escrito com letras garrafais os 40% de desconto. Mais uma vez, com muita gentileza, Paul pediu para que eu lesse a promoção e prestasse atenção no produto, indicado na parte inferior da placa.

Eu li, e o produto daquela promoção era um suéter! Não eram as camisas que estavam com 40% de desconto, mas os suéteres. Naquele momento, me senti o ser mais imbecil da face da terra. É obvio que não deixei de comprar, pois, mesmo assim, era vantajoso.

Entretanto, minha pergunta é a seguinte: Por que colocar uma placa que indicava 40% de desconto ao lado das camisas, sendo que os suéteres estavam na parte inferior do balcão? Nosso Macaco associa o desconto com o produto que está ao lado.

Enfim, comprei as camisas, mas não deixei de tirar fotos em alta resolução da placa promocional exposta ao olhar de quem entra na loja, e pela qual fui induzido a erro.

Fotografei, também, o verso da mesma placa, visível só para quem estava do outro lado e, principalmente, para quem estava na fila do caixa.

A partir do que foi relatado, é justo e ético indicar a promoção de um produto pela qual somos estimulados visualmente a comprar outro, enganando nosso Macaco?

Para entender se realmente as pessoas conseguem perceber o detalhe da promoção ou apenas fixam os números promocionais, utilizamos a tecnologia de eye tracking em uma amostra com 21 mulheres, analisando ambos os estímulos, ou seja, a foto A, com 40% de desconto dos suéteres, e a foto B, com 50% de desconto em uma peça adicional.

Vamos aos resultados:

Na placa A, 83% das voluntárias olharam a mensagem 40% OFF, e apenas 39% olharam a palavra suéter. Enfim, 61% das pessoas que entram na loja, através de uma interpretação de Macaco, não associaram os 40% aos suéteres, mas às camisas em cima do balcão. Já na placa B, 78% das voluntárias viram a descrição do produto, camisas, e 74% viram a promoção de 50% de desconto em uma peça adicional. Enfim uma placa racional, sem um forte apelo promocional derivado de viés cognitivo.

Você reclamou, Peruzzo? Essa é uma técnica de orientação visual não para aquilo que você deveria ver, mas para aquilo que a empresa quer que você veja.

Não reclamei, porque a placa B da promoção, afinal, estava lá. A placa A tem características de mercadoria isca, cuja função é atrair o cliente e induzi-lo a cometer um erro de interpretação, como foi meu caso.

Nossa, Peruzzo, quanta confusão por uma diferença de US$54. Esse assunto não merecia tanto espaço no livro. Parece coisa de gente "mão de vaca".

Bem, Princesa, é por situações semelhantes que as pessoas acabam se endividando e contraindo sérios problemas financeiros por agir movidas pelo emocional. Lembre-se que o valor de US$54 refere-se a apenas um cliente e que o contingente de consumidores pode chegar a centenas de milhares. Pense no lucro obtido pelas empresas que se valem dessa manipulação visual.

> Eu odeio quando me enganam. Depois o Einstein vive me regulando e colocando freios em minhas decisões.

O problema, Macaco Véio, é que as lojas deveriam considerar o fato de que é crescente o número de consumidores que têm acesso à informação e possuem um Einstein cada vez mais atento. É natural que as reclamações aumentem de forma considerável.

Claro que, às vezes, dão azar ao receber um cliente como eu, proprietário de um laboratório de neuromarketing. Trata-se de uma exceção, é verdade, mas sempre pode servir de lição, afinal de contas, até onde se pode enganar os clientes usando estratégias manipuladoras de neuromarketing? Existe um limite e é necessário respeitar o consumidor.

Metodologias para o neuromarketing

"Se, a princípio, a ideia não é absurda, então não há esperança para ela."

Albert Einstein

26 Matriz PC/Neuro

Gerenciando a insatisfação do cliente

Venho trabalhando, há seis anos, em um modelo que possa ajudar os profissionais de marketing a criar estratégias eficazes de neuromarketing sem a exigência obrigatória do uso das tecnologias de pesquisa da neurociência.

Bom, vou tentar adivinhar. P de Peruzzo. E C do quê?

É uma homenagem que faço a meu aluno José Chavaglia Neto, que foi o verdadeiro incentivador para que eu entrasse nesse maravilhoso mundo do neuromarketing.

Qual o nome do modelo?

Chama-se Matriz PC/Neuro.

As Três Mentes do Neuromarketing

> Nossa, imagina se todo professor fosse assim com os alunos.

Sinto-me muito feliz com isso, Princesa. Mas vamos à Matriz PC/Neuro.

O processo tem início considerando os estados mentais da Princesa (emocional) e do Macaco (excitação).

Aprendemos que nosso processo emocional controlado pela Princesa é dicotômico, ou seja, ou gostamos ou não gostamos. Para representar essa característica de forma simples na matriz, utilizaremos os estados emocionais positivos (alegria, felicidade, amor) e negativos (nojo, raiva, medo, tristeza). Na neurociência chamamos esse estado de valência.

Da mesma forma, a excitação pode variar de um estado de grande excitação para a calma plena.

Assim, podemos criar a primeira estrutura da matriz, conforme a Figura 41.

Figura 41: Matriz PC/Neuro – Base

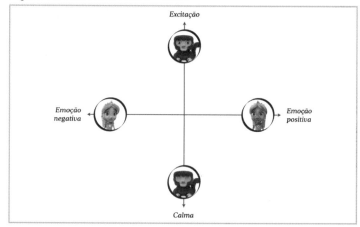

Fonte: Ipdois Neurobusiness ©

> Que bacana, Peruzzo. Apesar da matriz PC/Neuro não me incluir, já pensei em usar algumas ferramentas como eletroencefalograma, condutância de pele e face reading, entre outras tecnologias, para inserir dados nesta matriz.

Veja, Einstein, é o que fazemos hoje no Ipdois Neurobusiness.

Usamos todas essas ferramentas para demonstrar às empresas, com exatidão, a dinâmica do comportamento do consumidor em relação à matriz PC/Neuro. Entretanto, não vamos entrar no nível de detalhamento para aplicação do modelo prático com tais ferramentas, porque o objetivo é oferecer uma ferramenta que possa ser usada por qualquer profissional sem necessariamente usar as tecnologias de pesquisa de neuromarketing, que demandam certo investimento para o qual nem todos possuem os recursos disponíveis, principalmente as pequenas e médias empresas.

Agora, com a matriz e as variáveis primárias definidas, precisamos conhecer os quatro quadrantes da matriz, que são baseados em axiomas formados a partir dos comportamentos dos clientes, representados na Figura 42 e descritos abaixo:

- Satisfação, gerado pela calma e emoção positiva.
- Frustração, gerado pela calma e emoção negativa.
- Insatisfação, gerado pela excitação e emoção negativa.
- Expectativas, gerado pela excitação e emoção positiva.

Figura 42: Matriz PC/Neuro – Axiomas

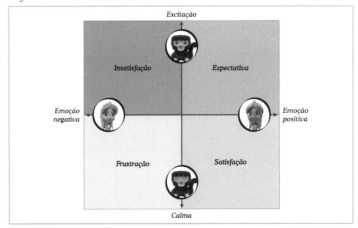

Fonte: Ipdois Neurobusiness ©

> Peruzzo, explique melhor cada quadrante, porque a matriz está começando a ficar complexa.

Não, Macaco Véio. A matriz não é complexa, é você que gosta de agir sempre por experiência anterior ou por impulso animal. Após você repetir o uso dessa matriz, por várias vezes, verá que fica fácil.

Bem, vamos explicar cada quadrante.

A insatisfação é a excitação alta e o estado emocional negativo. O cliente nessa condição sente a necessidade biológica de sair dela o mais rápido possível e a melhor alternativa para que isso aconteça é ter a expectativa de uma solução que elimine a insatisfação.

Medo, raiva, insegurança, tristeza, perigo e alerta estão entre as várias emoções que colocam o cliente nesse quadrante. Contudo, atenção! Não se trata da insatisfação do cliente com um produto ou serviço, mas do cliente estar insatisfeito consigo mesmo.

A expectativa é a excitação alta aliada à emoção positiva do cliente. Nesse quadrante, o cliente cria em sua mente a expectativa da solução dos problemas através do produto que comprará no futuro e que, mas não necessariamente, usará.

A mera expectativa de um cenário futuro, criado na mente do consumidor através de um ou vários memes poderosos, no qual ele vê a si próprio resolvendo seus problemas utilizando o produto, muitas vezes basta para sair do estado de insatisfação. Normalmente, os memes mais poderosos de expectativa são descritos pelas características e/ou funcionalidades dos produtos.

A satisfação tem como base a calma e a emoção positiva, pois sugere que o cliente, ao usar o produto ou serviço, reconheceu que o mesmo supriu expectativas, não precisando mais ficar em estado de alerta e preocupado. Suas expectativas foram atendidas, portanto, ele está feliz e calmo.

A frustração é derivada da calma e da emoção negativa. Cuidado com a interpretação da palavra calma. O cliente ao comprar um produto ou serviço percebe que não foi atendido em suas expectativas e fica em estado de emoção negativa, como tristeza ou raiva, e não mais excitado, assim, sua calma apenas reflete a intenção de não efetuar uma recompra. Em outras palavras, o cliente fica decepcionado e desanimado, sem ação momentânea.

> Agora entendi o significado de cada quadrante. Desculpe ser impertinente, mas como uso isso na prática?

Antes de colocarmos em ação a matriz PC/Neuro, vamos descrever três zonas (Figura 43) importantíssimas da matriz, que são:

- Zona inelástica.

- Zona elástica.

- Zona neutra.

Figura 43: Matriz PC/Neuro

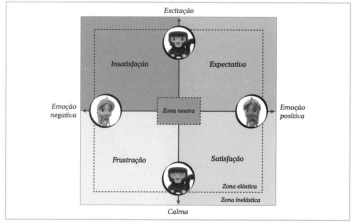

Fonte: Ipdois Neurobusiness ©

A zona neutra corresponde ao campo onde nossa estratégia de neuromarketing foi ineficiente e fraca, fazendo com que o cliente não tivesse atitude alguma em relação a nosso produto. Veja os comportamentos dos axiomas na zona neutra:

- **Insatisfação** — a neutralidade do cliente é resultante de ações de comunicação que não estimularam o estado de alerta, perigo e insatisfação do cliente.

- **Expectativa** — a neutralidade ocorre porque não ficou clara para o cliente a recompensa futura que teria por comprar determinado produto.

- **Satisfação** — a neutralidade decorre do fato de que o cliente, ao usar o produto, percebe que o mesmo não mais é essencial às suas necessidades, ou, no caso dos serviços, por dispor da tecnologia ou porque aprendeu sozinho a fazer a tarefa, dispensando o prestador de serviços.

- **Frustração** — a neutralidade representa a desmotivação total do cliente quando se dá conta de que os produtos adquiridos não resolveram seus problemas, e que o desembolso financeiro não é muito significativo.

Isso deixa o cliente sem qualquer tipo de ação, inclusive sem motivação para uma reclamação formal, o que seria uma oportunidade da oferta que vendeu o produto tentar reverter a situação. Em resumo, o cliente se frustra e fica quieto.

A zona de elasticidade representa total eficácia nas estratégias de neuromarketing e possui os seguintes comportamentos dos axiomas:

- **Insatisfação** — o cliente reconhece o estímulo emocional negativo e fica excitado, esperando por uma solução que chegue o mais rápido possível e, assim, possa resolver seus problemas.

- **Expectativa** — a possibilidade da compra do produto, aliada a um processo de comunicação bem elaborado, faz com que o cliente perceba que a solução para seus problemas está próxima. Essa sensação expectante é provisória, pois, adquirindo o produto, cedo ou tarde ele vivenciará uma experiência de satisfação ou frustração.

- **Satisfação** — o cliente está satisfeito com o uso do produto, porém, apto a receber um novo estímulo que o deixe novamente em estado de insatisfação, gerando um novo ciclo de compra, ou a partir de um novo fornecedor, ou, em uma demonstração de fidelização à marca, mantendo o atual.

- **Frustração** — O cliente está frustrado e chateado com o uso do produto, mas está aberto a receber soluções de novos fornecedores para diminuir o estado de desalento. E, dependendo da solução do problema, pode ir para o quadrante de insatisfação novamente e recomeçar o ciclo.

A zona de inelasticidade sugere que nossas ações de neuromarketing não deram sustentabilidade ao negócio. Quando isso ocorre, o cliente se encontra em estado de total inércia, e por mais que tentemos estimulá-lo a um movimento, positivo ou negativo, o resultado é nulo. Essa zona possui os seguintes comportamentos dos axiomas:

- **Insatisfação** — o cliente recebeu estímulos negativos de alto impacto, como, por exemplo, o uso do medo de forma exacerbada, cuja ação paralisante o toma por completo uma vez que ele simplesmente não vê saída do estado de altíssima emoção negativa e excitação alta em que se encontra.

- **Expectativa** — movidas pelo desespero, muitas empresas e vendedores, para fazer ou não perder uma venda, prometem benefícios inexistentes. Com essa atitude temerária, prometendo algo que nunca poderão entregar, geram no cliente uma expectativa ilusória sobre as virtudes do produto. Evidentemente, ao constatarem que foram enganados, os clientes frustrados se retrairão, ficando inacessíveis a qualquer ação de vendas dessas empresas ou vendedores. A propósito, muitos clientes tornam-se inelásticos (no sentido de não responderem positivamente às tentativas de venda do fornecedor) já durante essa fase da expectativa, pois percebem mais cedo que estão sendo enganados.

- **Satisfação** — o maior erro que a empresa pode cometer é entregar ao cliente um produto que resolva todos os problemas dele para sempre. Deste modo, por que o cliente haveria de iniciar o ciclo novamente para um estado de insatisfação? Ele agradece imensamente e esquece-se de você.

Por que entregar um celular com todas as características de uma vez só, para o cliente agradecer e me esquecer, se eu posso oferecer as características aos poucos, mantendo-o fiel à minha marca?

- **Frustração** — a defasagem entre o que foi prometido e o que foi entregue é tal que torna a experiência de compra tão decepcionante que leva o cliente a três atitudes, todas elas fatais para a oferta. O cliente assume o prejuízo e não reclama formalmente. Fala mal do produto para quem quiser ouvir. Nunca mais consulta o fornecedor e procura outro que o substitua.

Ei, turma do barulho! Einstein, Princesa, Macaco, o que fazer agora?

Que loucura essa coisa de elasticidade!

Normal esse desconhecimento. O termo "elasticidade" é um conceito econômico que, em marketing, é utilizado na formação de preços e análise de demanda. É um tipo de medida que corresponde à demanda dos produtos em relação à flutuação dos seus preços.

Percebi que a excitação e a calma representam minhas atitudes de Macaco. E que as emoções, positivas ou negativas, representam o comportamento da Princesa. Também aprendi que há quatro axiomas, na ordem: insatisfação, expectativa, satisfação e frustração. E que existem três zonas: elástica, inelástica e neutra. Mas, desculpe a ignorância, como coloco tudo isso para funcionar ao mesmo tempo?

Seu pedido é uma ordem. Para gerenciar esse modelo você precisa ter em mente quatro estratégias, sendo elas:

1. Inserir o meme da insatisfação.

2. Comunicar o meme da expectativa.

3. Disponibilizar o canal com o antídoto.

4. Gerenciar o tempo e a satisfação do cliente.

> Simples assim?! São quatro estratégias e pronto?

Quatro estratégias, mas que demandam um trabalho e tanto.

Vamos começar pela primeira estratégia: inserir o meme da insatisfação.

Um cliente compra um produto apenas quando precisa resolver uma insatisfação inconsciente. No marketing aprendemos que compramos para satisfazer uma necessidade, porém, essa é uma visão racional, consciente. Na verdade é quase a mesma coisa, contudo, quando se torna consciente, já se passou muito tempo desde o momento que, internamente, nosso inconsciente, o Macaco e a Princesa, gritava por tal solução. Quando é consciente, a elaboração mental do cliente é mais complexa, crítica e analítica. O mais indicado é agir enquanto o estado de insatisfação está alojado no inconsciente no cliente.

E de que modo esse estado de insatisfação é iniciado?

Por seu intermédio, por você, praticante do neuromarketing! É você que insere um meme de insatisfação na mente de seu cliente.

Existem centenas de milhares de ferramentas para você inserir um meme de insatisfação no cliente, mas essencialmente esse procedimento é feito através do uso da comunicação.

Pode ser efetuado por meio de uma venda pessoal, palestra, seminário, anúncio em televisão, rádio, revista, jornal, livro, site, e-mail ou qualquer outro veículo de comunicação. Em resumo, valendo-se de qualquer ação de comunicação verbal e, inclusive, não verbal. Como exemplo deste último método, um olhar decepcionante deixa qualquer um em estado de insatisfação.

Qualquer informação que possa chegar à mente do consumidor, em específico via tálamo, com a mensagem de alerta, atenção, medo, perigo, urgência, dor ou ameaça, desencadeará todo um processo que acabará por atingir a amígdala. A isso podemos denominar, vulgarmente, de sequestro de amígdala mercadológico.

Exemplos, por favor! É muita teoria.

É deprimente. Que coisa feia fazer isso com o cliente! Deixá-lo em estado de tristeza absoluta, quase em depressão.

Quantos você quiser, Princesa.

Por que será que em cada evento da Apple, quando um novo iPhone é lançado e cada característica do novo celular é divulgada em um painel maravilhoso, sendo transmitida para milhões de pessoas, você olha para seu iPhone antigo e, já contaminado por centenas de memes de dor, está absolutamente convencido de que precisa trocar de celular?

Depende do ponto de vista, senhor Einstein. Se o que tenho para oferecer ao cliente é fundamental, trazendo benefícios reais e garantia de futura satisfação, o fato de gerar o estado de valência negativo e excitação alta é mais do que ético e aceitável.

Se eu não fizer isso, o cliente não vai comprar o que realmente precisa.

Ocorre que agora você já não se sente o melhor ser humano do mundo com o melhor celular do planeta, pois sua versão do iPhone está obsoleta. Você se sente envolvido por uma sensação de urgência e precisa correr para a fila da Apple Store antes que, de uma hora para outra, acabe o primeiro lote do novo iPhone. Entendeu, Princesa? Isso é antiético? Claro que não, isso é sensacional.

Reflita, Einstein, nunca um cliente vai comprar uma solução por estar alegre, feliz, satisfeito, contente e tranquilo.

Quem está satisfeito não tem vontade de fazer nada.

Preste atenção, Princesa. Por que você toma a decisão de fazer um MBA? Aposto que diria que é porque está em busca de conhecimento. Mas essa é uma resposta de Einstein. Ou, então, você foi contaminada por um meme do medo de perder espaço de mercado por estar ficando ignorante. É ruim escutar isso. Eu sei disso. Mas é o que acontece internamente em seu inconsciente.

Porém, a grande dificuldade é como criar o meme da insatisfação. Nem todas as pessoas possuem criatividade e experiência para isso. O ideal é contratar uma agência de propaganda ou de marketing digital, que tenha experiência para ajudar na criação desses memes. Agora podemos ir para a segunda estratégia, que é comunicar o meme da expectativa.

O cliente em estado de insatisfação precisa encontrar uma solução para seu problema. Isso deve ser feito também através de um processo de comunicação. Atenção, muitas vezes essa comunicação ocorre ao mesmo tempo em que você insere o meme da insatisfação. As estratégias podem ser realizadas simultaneamente.

No caso do lançamento do iPhone, você fica insatisfeito com o telefone que possui, e a expectativa gerada com as diversas novas características do novo dispositivo é tão grande que seu estado de valência negativo se torna positivo, mas você continua excitado, pois ainda precisa implementar a ação de compra do produto, e o mais rápido possível.

No caso do MBA, a expectativa de ter em seu currículo o nome de determinada instituição de ensino também tira você do estado de valência negativo levando-o ao positivo tão somente pela possibilidade de aparecerem inúmeras oportunidades de empregos e do aumento salarial que o MBA poderá trazer para você.

O estado de excitação com a perspectiva de cursar o MBA continua dominando-o, até porque precisa assinar o contrato e em breve comparecer às aulas. Lembre-se de que ter Harvard em seu diploma abre as portas, mas mantê-lo na empresa é unicamente de sua competência.

As Três Mentes do Neuromarketing

E a estratégia do canal com o antídoto?

A Apple oferece o canal com o antídoto sempre divulgando os países e o dia em que serão disponibilizados os novos produtos. Nos cursos de MBA são informadas as datas dos módulos e a relação dos respectivos professores.

Mas faltou uma estratégia ainda: a de gerenciar o tempo e a satisfação do cliente.

Claro. No caso da Apple, ela gerencia os clientes e também o movimento da concorrência. Ao menor sinal de ameaça, coloca em ação um novo processo de insatisfação lançando um produto com algumas características novas, mas sem perder a essência, reiniciando o ciclo da matriz PC/Neuro.

No MBA, no decorrer do curso, são efetuadas avaliações periódicas dos módulos e dos professores no intuito de evitar discrepâncias e manter a satisfação dos alunos.

Resumidamente, posso afirmar que 50% do caminho foi dado pela matriz PC/Neuro e os outros 50% vêm da capacidade de você criar uma campanha inteligente e atrativa, e claro, um produto ou serviço que desperte e resolva de fato a insatisfação do cliente.

A matriz PC/Neuro demanda um tempo de prática, mas logo você a estará usando em seu dia a dia, seja em uma estratégia avançada de marketing e comunicação, seja, até mesmo, em uma visita de vendas.

Não acredite que a história termina por aqui. Em breve, será divulgado um tratamento todo especial da matriz PC/Neuro. Lembre-se desta sigla: BMC. Mas tudo em seu devido tempo.

Case de sucesso

"O descontentamento é o primeiro passo na evolução de um homem ou de uma nação."

Oscar Wilde

27 Neurofacebook

Descobrindo os estados mentais do consumidor

O facebook é a maior rede social do mundo, e mantém seu reinado de forma absoluta. O tempo passa, novas ferramentas sociais aparecerem, podem até sugerir uma ameaça ao facebook, e inevitavelmente duas coisas acontecem: ou a revolução fica na promessa, ou o facebook compra a ameaça.

Atualmente somos mais de um bilhão de usuários se relacionando através do facebook. Fica difícil imaginar que, em curto prazo, essa rede social tenha algum tipo de problema realmente sério de migração de usuários para outras plataformas do gênero. Enfim, o que percebo é que o sucesso do facebook não é apenas tecnológico ou mercadológico, mas acima de tudo, neurológico.

Você está sugerindo que o Mark Zuckerberg fez pesquisa de neuromarketing para lançar o facebook?

Não, Einstein, estou afirmando que a maioria das grandes ideias são processos inconscientes que ficam dias, meses, anos ou até décadas na mente de determinados indivíduos especiais, e quando as informações começam a fazer sentido são enviadas para o consciente, levando-os, literalmente, a exclamar: "Eureca!".

Consciente? Você está dizendo, então, que sou eu quem tem a ideia?

Desculpe, amigo, infelizmente não. Quem produz uma ideia é um comitê interno entre Macaco e Princesa, e isto pode durar muito tempo, e quando a ideia começa ter lógica a Princesa a entrega de mão beijada para você, Einstein.

É incrível, mas todas as informações que recebemos são armazenadas em nosso cérebro. A partir das experiências que vivenciamos, novas conexões neurais são implementadas, o que, inevitavelmente, levará a pessoa ter novas ideias. Claro que falo de informações de qualidade. Alguém que somente tem acesso a informações fúteis, sem conteúdo, nunca na vida terá uma ideia que tenha valor para o mercado. Pesado, eu sei, mas é a realidade.

Então o mérito é meu, já que as informações que recebo pelo tálamo sensorial são de minha responsabilidade?

Não, senhorita. A informação é recebida pelo tálamo, mas distribuída para todo o cérebro. Quando a informação é armazenada no hipocampo, ela já teve uma contribuição significativa do Einstein e do Macaco.

Então, como Mark Zuckerberg conseguiu criar o facebook?

Principalmente graças a você, Macaco, ou melhor, Macaco Véio. Com 23 anos, Mark Zuckerberg, esse gênio da tecnologia, já acumulava uma experiência em programação e conhecimento do ambiente de tecnologia, posso garantir, de mais de 20 mil horas no mínimo. Com tais memes de alta qualidade, e num ambiente privilegiado, chamado Harvard Business School, o resultado só poderia ser esse, um gênio.

Neurofacebook

> Ué! Mas tem um monte de aluno de faculdade no Brasil que tem 10 mil horas de experiência em tecnologia! Por que, então, o facebook não foi criado aqui?

Desculpe, Macaco, eu sei que você é brasileiro, mas é inegável que o ambiente memético de Harvard, e consequentemente a qualidade das aulas e do corpo docente e discente, no qual Mark Zuckerberg convivia, criou um ambiente único, tão poderoso e qualificado que eram muito grandes as chances de que algo de muito especial surgisse ali, naquele momento da tecnologia mundial, em que era emergente uma rede social funcional e aderente às expectativas das pessoas.

Depois dessa breve introdução, vamos entender como foi criado o facebook, desde a concepção da ideia, execução e aplicação, até a usabilidade dos layouts e seus componentes, sempre sob a luz do neuromarketing.

> Por onde começamos?

Antes de começar, preciso deixar algo muito claro. Todo o conceito que usaremos a partir de agora tem como base o filme *A Rede Social*, do diretor David Fincher. Não posso discutir o que é real ou ficção no filme, pois o roteiro foi baseado em versões de diversas pessoas que conviveram com Mark Zuckerberg. O próprio Mark questiona alguns pontos do filme. Então, para que nosso amigo Mark não fique chateado comigo, vou contextualizar neste capítulo final do livro *As três mentes do neuromarketing* como foi a criação e o conceito do "Facebook" com base na neurociência, usando o filme *A Rede Social*. Se quiser pensar de modo diferente, fique à vontade.

Começamos no dia em que Mark Zuckerberg brigou com sua namorada. Lembrando a matriz PC/Neuro, somos motivados a fazer algo especialmente quando estamos em um estado de insatisfação. E foi isto que ocorreu. Vamos acompanhar passo a passo os primeiros momentos do desenvolvimento do facebook. É emocionante, acredite!

Vamos usar como base o roteiro oficial do filme *A Rede Social*, que descreve de forma clara todo processo. Sugiro fortemente assistir ao filme, o que reforçará ainda mais o conceito aplicado neste livro.

> Ai, este negócio das pessoas se motivarem quando estou negativa, insatisfeita, às vezes me incomoda.

Não posso fazer nada! Você tem que reclamar com quem criou o cérebro.

Em outono de 2003, no Thirsty Scholar Pub, Mark Zuckerberg e sua namorada estão bebendo cerveja, e após uma conversa desencontrada e cheia de agressões mútuas, acabam discutindo, e a namorada Erika Albrecht resolve terminar o namoro, deixando-o sozinho, não sem antes chamá-lo de desprezível. Mark Zuckerberg entra em estado de frustração.

No Dormitório Kirkland da Universidade de Harvard, algo especial estava para acontecer. Mark Zuckerberg entra em seu quarto após a discussão com sua agora ex-namorada, pega mais uma cerveja, e acessa o site livejournal.com. O relógio marca exatas 8h13m da noite, e Mark escreve em sua conta no site: "Erika Albrecht é uma vaca. Acham que é por que a família dela alterou o nome para Albrecht ou por que todas as garotas que vão para Boston são vacas? Para registro, ela pode parecer que tem seios medianos, mas recebe todos os tipos de ajuda dos nossos amigos da Victoria's Secret. Eles são muito pequenos. Tipo dois ovos fritos. Propaganda enganosa."

> Nossa, que grosso! Brigar com a namorada é uma coisa, mas ele está ofendendo a moça publicamente.

> Princesa, o problema é seu com o Macaco. Por que tomaram tanta cerveja? Como nem toda informação sensorial que você recebe eu consigo processar de forma racional, só podia dar nisso.

É verdade, Princesa, e o Macaco escreveu o que teve vontade sem filtro algum. É chato afirmar isto, mas este estado de frustração do Mark fez com que ele tivesse motivação para fazer algo, neste caso, ofender sua ex-namorada, e, em decorrência, promover o início do processo que mudou o rumo das redes sociais no mundo. Da desgraça para o sucesso. O ser humano é realmente incrível.

Mark Zuckerberg continua usando o livejournal.com, e após descontar sua raiva e frustração no post, seu estado mental muda para insatisfação. Lembre-se que, neste estado, temos a necessidade de sair dele o mais rápido possível, buscando uma ação que gere expectativa para encontrar a satisfação.

O próximo post de Mark, às 9h48min deixa bem evidente sua intenção: "A verdade é que ela tem um rosto bonito. Preciso fazer algo para tirá-la da minha cabeça. É fácil, eu só preciso de uma ideia."

> Quer dizer que o Macaco se arrependeu de ter postado a mensagem anterior?

Não há como chegar a essa interpretação, pois se trata de algo que ocorre no inconsciente de uma pessoa. De fato o post de Mark traz indícios, eu disse indícios, de que ele quer esquecer a briga e o fora que levou, porém, de forma inconsciente, acaba agredindo as outras mulheres como uma espécie de vingança contra sua namorada.

> Deixe ver se eu entendi. A vingança gera satisfação, então, me parece que o desejo de criar algo, para sair do estado de insatisfação, é uma ferramenta, um meio, que cause nele a expectativa da recompensa, do prazer, e por consequência, satisfação?

Acertou em cheio, Einstein. Alguns pontos importantes devem ser destacados aqui. Realmente, ele está embriagado, o que inibe um pouco a capacidade de processar ideias realmente qualitativas. Desse modo, apesar de estarem muito ativados, a Princesa e o Macaco não conseguem enviar as ideias ao Einstein embriagado de Mark Zuckerberg.

Continuemos a seguir o enredo. Neste momento Mark Zuckerberg observa o livro de fotos de Kirkland na tela de seu computador e, por algum motivo, considera que algumas fotos são horrorosas. Seu amigo Billy Olsen, sentado ao lado dele, tem a ideia de colocar algumas fotos ao lado das fotos de animais, e deixar as pessoas votarem em quem é mais sexy. Mark gosta da ideia, e a leva adiante.

Não acredito que a ideia de comparação dicotômica não foi dele, mas do amigo Billy Olsen!

Veja o quanto é importante ter a seu lado alguém cujo Einstein se encontra em pleno funcionamento quando você se encontra com sua Princesa e seu Macaco sozinhos e desprotegidos.

A saga continua. Às 10h17min, Mark posta: "Não gosto de fazer com animais, mas gosto da ideia de comparar duas pessoas. Dá para a coisa toda um toque 'Turing', já que a avaliação das pessoas em relação às fotos é mais subjetiva, digamos, do que escolher um número como fazem no hotornot.com. A primeira coisa que vamos precisar é um monte de fotos. Infelizmente, Harvard não tem um livro de fotos centralizado, portanto, terei que ir buscar as fotos nas casas onde as pessoas estão."

Nesse momento ele cria a alma do facebook. Em sua mente privilegiada é criado o *curtir*. A lógica dicotômica que rege todo o facebook, do *curtir* ou *não curtir*, tem como base neurocientífica as emoções humanas, a valência positiva ou negativa. Eis o gênio que conseguiu traduzir o que realmente uma rede social precisava, uma linguagem dicotômica, emocional, o que até então as mais diversas redes sociais da época tentavam, porém, falhavam.

Sua menção ao site hotornot.com foi incrível. Mark Zuckerberg, mesmo um pouco embriagado, chegou a uma conclusão que muitos profissionais sóbrios não entendem, teimando em acreditar que uma avaliação numérica seja subjetiva, como o uso da escala de 1 a 10 para avaliações emocionais. Já falamos sobre isso, exaustivamente, neste livro, sobre o dilema do número 7. Mark Zuckerberg descobre o segredo do Facebook sem pesquisa de mercado e, muito menos, sem planejamento estratégico.

É bom frisar que o insight de Mark não foi decorrente do fato de ter ingerido umas cervejas a mais, mas em função da vasta experiência acumulada em seu inconsciente durante anos de programação, a qual emergiu para o consciente graças, quem diria, a um acontecimento frustrante. Ironias da vida.

A partir deste verdadeiro momento Eureca, Mark começa a hackear diversos sites em busca de fotos.

> Mas como este cara consegue hackear? É um processo difícil e complicado.

> Ué, Einstein! Não tô entendendo. Vou repetir mais uma vez. Você mesmo passou as informações de como faz para hackear sites por milhares de horas, com certeza, por mais de 10, 15 ou 20 mil horas. O Macaco Véio do Mark aprendeu. Não precisa mais de você.

Isto mesmo, Macaco. Mark, mesmo sem a plenitude da consciência, é capaz de realizar tarefas automáticas tão sofisticadas que 99% da população mundial, com seu Einstein em plena atividade, não conseguiriam fazer de imediato.

Como vimos, Mark Zuckerberg criou o "curtir", uma estratégia única para atração e seleção social, e, para isso, baseou-se no processo de valência emocional, negativo e positivo.

> Peruzzo, não precisa exagerar. Também não foi uma descoberta fora do comum essa de usar as valências em uma rede social.

Então, por que você não fez antes? Einstein, sua mania de achar tudo fácil quando a informação já está consciente para você, é irritante. Quantas pessoas proferem a seguinte frase após você contar sua ideia, produto ou serviço: "Já tinha pensando nisso antes". Fácil, depois que escuta, não acha?

Vamos em frente com o enredo. Para Mark explodir no mundo das redes sociais precisa, ainda, de um encontro inesperado e revelador, com os irmãos Cameron Winklevoss e Tyler Winklevoss. Saindo de uma aula em Harvard, Mark foi abordado pelos dois irmãos, que lhe dizem querem conversar sobre uma ideia que tiveram. Quando Mark questiona porque eles são tão fortes e grandes, descobre que são praticantes de remo. Tá danado! Um dos motivos que o levaram a discutir com sua ex-namorada era a suposta preferência dela por rapazes do remo.

> Ah! Eu iria nessa reunião apenas para me vingar desses caras!

Viu, princesa? Você está com raiva. Sequestraram sua amígdala, e agora quer descontar no primeiro que aparece. Pois é, acho que você tem razão, ou melhor, emoção. Tenho a nítida impressão que Mark apenas aceitou se encontrar com eles com um único objetivo definido em sua mente, o de uma vingança inconsciente por ter perdido a namorada.

Os irmãos Winklevoss levam Mark para o Porcellian Club, um clube restrito a homens, e para demonstrar quem manda na jogada, avisaram ao Mark que ele não poderia passar além da sala de estar, pois não era sócio. Você está vendo o que a mente de Mark está desenvolvendo. Um processo de Macaco de Bando ou Macaco Inimigo? De luta ou fuga? Mark conhece Divya Narendra, outro estudante que fazia parte da "ideia" dos irmãos Winklevoss.

Depois de uma seção de puxa-saquismo em relação às peripécias de Mark, provavelmente uma estratégia de Divya para tentar aproximar Mark aos irmãos, resolvem ir direto ao assunto. Falam a Mark que há algum tempo estavam trabalhando numa ideia chamada HarvardConnection.

Os irmãos explicam a ideia de um site na internet onde você cria sua própria página, interesse, perfil, amigos, fotos. Onde as pessoas podem ver você online, olhar seu perfil e pedir para ser seu amigo.

Mark num impulso literalmente de Macaco, vai direto ao ponto, e pergunta: "Qual é a diferença com o MySpace ou Friendster?"

> Peruzzo, ele foi muito cara de pau. Ele perguntou qual era o pulo do gato, qual era a grande estratégia. Não vai me dizer que os irmãos abriram o jogo sem assinar um contrato de confidencialidade?

Pois é, Einstein, às vezes penso que os alunos de Harvard são muito inteligentes mas às vezes pecam pela inocência. Enfim, os irmãos falaram, sim: harvard.edu.

E o mais interessante foi a explicação do poder desse domínio, pois, segundo os irmãos, harvard.edu é o endereço de e-mail mais prestigiado dos Estados Unidos, e que todo o site seria baseado no princípio de que as meninas adoram ficar com os meninos de Harvard. Que beleza, mais uma vez o fator sexo entrando em ação para estimular o sucesso de um negócio.

Mark foi enfático em afirmar que o grande diferencial da ideia apresentada a ele era a exclusividade, algo que nenhuma das outras redes sociais da época, como MySpace, Friendster e outras tinham. Mark havia recebido a peça que faltava para sua grande criação, afinal de contas, o curtir, por si só, não era uma solução, uma ferramenta. Porém, usar o curtir como chave mestra de uma rede social era o elemento que faltava para Mark entender o potencial que tinha em mãos.

Mark, supostamente, aceitou trabalhar para os irmãos, mas após sair daquela sala de estar, sua próxima reunião com os irmãos Winklevoss foi em um tribunal.

Entendi. Como as ideias são formadas pela minha experiência e pelas informações armazenadas na Princesa, mais especificamente no hipocampo, a ideia da rede social com exclusividade era a peça que faltava para colocar em prática a ideia de seleção dicotômica, gosto ou não gosto.

Isso mesmo, Macaco, naquele momento, Mark estava literalmente criando o Facebook.

Vamos sair da história de 2003, e começar a analisar o Facebook em 2014 em sua estrutura básica, e perceber que existe todo um modelo neurocientífico por trás dessa rede social.

Na figura 44, vemos a timeline principal de uma conta de Facebook pessoal. Alguns detalhes chegam a ser impressionantes em relação às orientações do neuromarketing, principalmente em relação ao layout da página.

Figura 44

No capítulo 6, aprendemos que um hemisfério dominante indica, de forma bem simplista uma tendência mais racional ou criativa do ser humano. Pois bem, a lógica do racional (presente e passado) e criativa (futuro e novidade) são originadas da atividade de cada hemisfério.

Poderia ser mais direto e explicar o que a lógica do racional e o criativo tem a ver com o Facebook?

Primeiro, vamos criar uma linha mental na tela principal do Facebook dividindo-a em praticamente duas áreas distintas. A primeira coluna, em cinza, descreve o perfil do usuário, mensagens, eventos, páginas que gerencia, grupos, amigos, aplicativos e interesses. Fica claro que são informações já existentes, de seu conhecimento, que foram executadas no passado e estão disponíveis no presente.

Como seus olhos recebem a informação através do nervo ótico esquerdo das córneas, ao se conectarem pelo quiasma ótico enviam estas informações visuais para o hemisfério esquerdo do cérebro, localizado no lobo occipital, responsável pelo processamento mais racional e lógico. Parece que o Facebook se preocupa que as informações neste bloco realmente sejam racionais e pré-existentes, derivadas de ações do passado.

Em contra partida temos o último bloco em cinza, que demonstra os últimos posts e os amigos disponíveis on-line. Esta informação visual direita é enviada para o hemisfério direito do cérebro, no lobo occipital, também potencialmente responsável por informações criativas e que geram curiosidade. Ter a vontade de ver o que os amigos fazem, e a possibilidade de iniciar uma conversa com eles, são características claras de algo novo, e sugere uma ação futura. Mais uma vez será que é pura coincidência, ou realmente o Facebook é um excelente case de neuromarketing?

Os resultados das campanhas de anúncios no Facebook, bem como anúncios patrocinados também ficam do lado direito do layout. Primeiro, porque ao demonstrar sua performance no Facebook como anunciando, sugere uma ação futura, de alteração e manutenção das campanhas. Todos os anúncios patrocinados aparecem do lado direito também, o que sugere que, ao clicar, você receberá uma informação nova, de um produto ou serviço, ou curtir uma fan page.

Brincadeiras à parte, a timeline principal, onde os posts dos amigos e fan pages que você curtiu são continuamente publicados, gosto muito de fazer uma associação com o corpo caloso, a conexão entre os dois hemisférios. Uma dinâmica de informações do passado, presente e futuro, que estimulam você a realizar uma ação, seja curtir, compartilhar ou comentar.

Enfim, a timeline do Facebook é uma explosão de informações entre o racional e o criativo. Tudo pode ser coincidência, mas é visualmente perceptível neste bloco do Facebook a associação com a maneira pela qual o cérebro processa as informações, ou seja, de forma rápida, dinâmica e plástica.

Fala sério! Você acha que o Mark Zuckerberg estudou neurociência para criar o layout do Facebook?

Macaco, a minha resposta é que não sei. A única coisa que sei é que o cara é um gênio.

Agora, vamos para a parte mais excitante da analogia do Facebook com atividades neurais. Na figura 45, você percebe que todo post do Facebook sugere a você três ações: Curtir, Comentar ou Compartilhar.

Não é mágico?

Figura 45

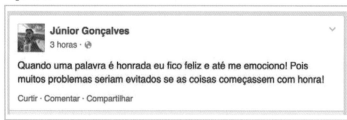

Não entendi! Se eu compartilho, por exemplo, uma campanha de doação, não é uma ajuda humanitária?

O que é mágico? O que há de especial nestas ações?

Bom, se você ajudou realmente, doando alguma coisa ou valor para a causa, provavelmente tem mais Princesa no processo decisório que Macaco. Agora, se você não doa nada, e compartilha para os outros doarem, está repassando a responsabilidade, tirando o seu da reta. É bem coisa de Macaco.

Princesa, você ainda não se ligou. Curtir é uma ação de Princesa. Comentar é uma ação do Einstein. E compartilhar é uma ação de Macaco.

Exijo uma explicação clara deste seu conceito, principalmente no que me diz respeito!

O Macaco, quando vê algo que interessa ao bando, impulsivamente quer compartilhar o mais rápido possível aquela informação, e o motivo aparente é passar a informação ao próximo, não com a finalidade exclusiva de ajudar ao próximo, mas, na verdade, buscando se beneficiar com essa atitude.

Com o maior prazer. A opção "Comentar" é a possibilidade de expor nossa opinião usando a linguagem verbal escrita, seja comentando, justificando, mentindo, analisando ou criticando em um post. Estas ações são possíveis graças à sua existência, à racionalidade, à inteligência humana. Ou seja, você, Einstein.

Já a Princesa tem como referência o curtir, o qual é uma ação dicotômica baseada no estado de valência mental. Valência positiva, eu curto. Valência negativa, eu não curto. Consequentemente, o usuário não faz nada no caso do Facebook. Porém, caso você curta um post e se arrependa, você pode desfazer essa ação.

É importante lembrar que todas as ações — curtir, comentar ou compartilhar — sugerem de forma obrigatória uma atividade completa do cérebro, com todos os personagens, Einstein, Princesa e Macaco em ação. Eles fazem parte do processo como um todo, porém, áreas específicas do cérebro são mais ativadas em determinadas ocasiões, daí a associação dos personagens a determinadas ações no Facebook.

Figura 46

Sinceramente, achei interessante a associação, mas é uma pena que isso fica apenas na teoria.

Teoria, Einstein? Eu não estou falando de mídia de massa como televisão, jornal ou rádio, nas quais a mensuração é puro chute e repleta de subjetividade na mensuração de resultado. Na Figura 46, podemos ver a análise de um Post na minha fan page.

As Três Mentes do Neuromarketing

Através da opção de análise dos detalhes da publicação é possível saber exatamente a performance neurocientífica do post. Vejamos os resultados.

No post que usamos como exemplo, o mesmo obteve 90 curtidas, nove comentários e cinco compartilhamentos. Isso indica que o post foi altamente emocional, ou seja, Princesa. As pessoas que me seguem na minha fan page, ao curtir, demonstraram alegria em ver o conteúdo.

Alguns inseriram comentários, nos quais o Einstein fez questão de justificar por que curtiu. Já o efeito do Macaco foi pequeno, com apenas cinco pessoas compartilhando, até porque, como a maioria das pessoas da fan page teve aula comigo ou participou de palestras, não é um conteúdo que haveria de ser passado para seu "bando", por ser um post que, sem dúvida e nenhuma vergonha, é uma promoção pessoal e das boas.

Bom, feliz é aquele que tem algo de que se vangloriar.

Estou passada com tanta informação. Estou até com medo de usar o facebook agora.

Não, Princesa. Pelo contrário. Eu vejo o Facebook como a mais poderosa ferramenta de comunicação existente no planeta terra. Não enxergam isso aqueles que ainda o usam apenas com o perfil de usuário. A partir do momento que se aprofundarem, dando-lhe um uso profissional e comercial, descobrirão que podem realizar ações de marketing que, quando comparadas com ações tradicionais e convencionais, são muito, mas muito mais eficazes e, surpresa, com um custo tão inferior que você terá vergonha de não ter aprendido a usar o Facebook antes.

Considerei este capítulo "NeuroFacebook" um presente para os leitores. Uma forma prática de entender como o Einstein, a Princesa e o Macaco estão ao redor, contaminando sua mente com novos memes, mudando seu comportamento e influenciando seu processo de decisão. Neuromarketing é, sem dúvida, a maior revolução que o marketing presenciou nos últimos anos. Sinto-me um privilegiado em fazer parte dessa história. Sinto-me orgulhoso em fazer de você um protagonista desta grande história.

Conclusão

"Quando pensamos, o fazemos com o fim de julgar ou chegar a uma conclusão; quando sentimos, é para atribuir um valor pessoal a qualquer coisa que fazemos."

Carl Jung

Abra seu coração, fortaleça sua inteligência e arrisque mais

Finalizar um livro é uma tarefa das mais difíceis. Sempre fica a sensação de que falta alguma coisa, um detalhe a mais. No entanto, preciso ter consciência de que, em se tratando de neuromarketing, ficar próximo do ideal em apenas um livro é impossível.

A união da neurociência com o marketing proporcionou a milhares de profissionais enxergar o mercado de uma forma diferente, não tão romântica e previsível, mas de uma forma mais lógica, baseada na própria atitude não lógica do consumidor.

Essa confusão, por si só, é fascinante. Novas tecnologias e metodologias. Quebrando paradigmas até então seculares e inquestionáveis, principalmente no ambiente matemático e estatístico. Realmente, uma revolução, que veio para ficar.

Este discurso, porém, é particular e não necessariamente reflete a opinião dos demais profissionais de outras áreas, principalmente nas de marketing, comunicação, propaganda e publicidade, bem como de suas respectivas extensões educacionais, como professores de graduação, especialização, MBA, mestrado e doutorado. Todas elas deverão sofrer um forte impacto, nos próximos anos, dessas tecnologias e metodologias. É aguardar para ver. Eu resolvi não aguardar e agi.

Dia 15 de janeiro de 2013 estava eu no Hotel Renaissance, em São Paulo — nessa ocasião receberia pela sétima vez o prêmio de melhor professor de marketing e vendas de todo o Brasil segundo a FGV Management — quando o professor Carlos Alberto Decotelli, calmamente, me questiona:

"Professor Peruzzo, muito legais os vídeos que recebo do Einstein, Princesa e Macaco. Você já contextualizou toda essa história dos personagens com o Mito da Caverna de Platão?"

De forma sincera, comentei que não. Leio seis livros por mês, mas, de fato, deveria ler mais sobre filosofia. Enfim, depois da dica do mestre, li e entendi. Para quem não conhece a obra, um breve resumo.

O mito da caverna foi escrito por Platão, sendo parte constituinte do livro VI de A *República* e inspirado na trágica morte de Sócrates, assassinado pelos cidadãos de Atenas por defender uma verdade, que poderia quebrar todos os padrões da época.

A ideia básica do mito tem como cenário uma caverna onde prisioneiros nasceram e viveram a vida toda. Um ambiente fechado e escuro, no qual ficavam acorrentados e tinham como visão o fundo da caverna. Durante a noite, uma fogueira, mantida sempre acesa por homens do mundo externo, refletia na caverna sombras, às quais os prisioneiros davam nomes.

Um belo dia, um desses prisioneiros conseguiu escapar das correntes e fugiu da caverna, descobrindo que as sombras que eles viam eram, na verdade, estátuas, seres inanimados. Imagine o impacto que ele teve ao reconhecer que passou uma vida inteira julgando apenas as sombras e ilusões, desconhecendo a verdade, se afastando totalmente da realidade.

Imagine agora esse ex-prisioneiro lá fora, com pena dos demais colegas que se mantinham num processo de fechamento intelectual, espiritual e cultural. Então, ele foi ao encontro deles para falar de um mundo novo, com diversos cenários, objetos, protagonistas e coadjuvantes, um mundo sem fronteiras. Infelizmente, sabemos que a probabilidade deles terem acreditado na história é pequena, e é bem provável que nosso personagem tenha sofrido com deboches e passado por ridículo.

Professor Carlos, entendo perfeitamente sua colocação. Vivemos em um mundo que achamos ser totalmente gerenciado pelo Einstein, que nos fornece lógica, inteligência e racionalidade. Somos homens e não animais. De repente, aparece um maluco que diz que o Einstein leva na verdade um mérito que não é dele, pois as grandes ideias foram processadas pelo Macaco e pela Princesa durante dias, meses e anos para serem entregues de bandeja ao Einstein, e este, de forma ignorante poderá dizer que teve a ideia. Sensacional!

Porém, não é apenas no contexto do conteúdo deste livro que o Mito da Caverna se torna uma referência especial.

Quanto a isso, tenho um depoimento a fazer. Quando resolvi estudar e investir, desculpe o desabafo, o fiz com muito tempo e dinheiro, todo ele particular, sem ajuda de nenhuma instituição de ensino que patrocinasse um equipamento ou software, contando apenas com empresas privadas e profissionais admiráveis, os quais ainda têm a humildade de pedir anonimato, que acreditaram num projeto de neuromarketing que hoje se tornou realidade.

Quando você tem o apoio de terceiros, em especial do setor educacional, o retorno financeiro pode ser de longo prazo ou, a bem da verdade, nem precisa existir, pois o apelo institucional é uma justificativa de resultado. No meu caso, ou dava certo ou dava certo. Um investimento alto precisava de um tiro absolutamente no alvo.

Enfim, foram muitas pesquisas realizadas, muito conhecimento adquirido e agora o leitor tem neste livro o resultado de tudo isso.

Não tenham dúvida de que vivi muito tempo em uma caverna, acreditando nos conceitos tradicionais de marketing. Porém, uma energia fora do comum sempre me impulsionou ao novo e a sair das correntes para descobrir um mundo novo. É uma sensação de liberdade e alegria sem igual. Já tentaram me tachar de louco. Mas a luz está entrando pela caverna e aos poucos, um a um, estarão todos enxergando um novo tempo.

É um prazer único fazer parte de uma história que está apenas começando.

Abra seu coração, com a Princesa, e entenda a força das emoções no processo decisório dos clientes.

Fortaleça sua inteligência com novos conteúdos de psicologia, neurociência, biologia, química, física e outras áreas que ajudem a entender o extraordinário ser humano.

Arrisque mais com seu Macaco Novo, pois é a única forma de um dia ser Macaco Véio, se tornar referência e, de fato, ter o privilégio de receber de presente, do Macaco e da Princesa, as ideias que irão mudar sua vida.

Mas, é claro, o Einstein vai teimar falando que foi ele o dono da solução mágica.

Obrigado e até a próxima.

Agradecimentos

Este livro se tornou realidade graças apenas à contribuição generosa de profissionais que consideramos absolutamente fora do padrão. Incentivar o neuromarketing e acreditar nesse novo ecossistema já é uma atitude considerada totalmente diferenciada.

Nossa grande primeira dívida de gratidão é com Carlos Praes e equipe. Um dos profissionais de pesquisa tecnológica mais vanguardista do mercado da perfumaria internacional. Sua visão na aplicação da neurociência e neuroinovação no segmento de perfumaria fina é louvável. O convívio profissional nos últimos anos contribui de forma significativa para a construção deste livro.

Não podemos nos esquecer de toda a equipe comercial de pesquisa e desenvolvimento da Givaudan, em especial ao *staff* de São Paulo, Londres e Paris.

Aos inovadores Claudio Roberto Fernandes Assis e Robison L. G. de Azevedo, que trouxeram o neuromarketing de forma tão inovadora ao segmento de linha branca de fogões.

Também ao incansável pesquisador Luiz Henrique Simões, que acreditou no neuromarketing como diferencial competitivo no segmento de calçados.

O neuromarketing está ainda embrionário no Brasil e muitos profissionais são merecedores de reconhecimento.

Tantas estrelas que pedimos perdão se esquecermos de alguma pessoa especial.

Sem os nossos fornecedores, nada disso seria possível. Especial agradecimento para Juan Pablo Rodriguez e Christian Fujiy da Tobii Technology, além de Stéphane Folley da Tea — Technologie Ergonomie Applications, que além de parceiros, demonstraram uma grandeza fora do comum no processo de transferência de tecnologia.

A todos os profissionais da Neuromarketing Science and Business Association, em especial à Carla Nagel, que faz um brilhante trabalho em prol da área de neuromarketing e é responsável direta pelo sucesso da associação e pela realização anual do Fórum Mundial de Neuromarketing.

A toda equipe de colaboradores do Ipdois Neurobusiness, em especial aos profissionais de pesquisa de neuromarketing Pedro Colli e Thyago Peruzzo, pelo profissionalismo com o qual se dedicaram, inclusive em muitas das pesquisas publicadas neste livro.

E, sem dúvida, às dezenas de colaborações dos covalidadores, citados um a um no início deste livro, esses profissionais, das mais diversas áreas do conhecimento, enriqueceram seu conteúdo.

Agradeço ao "Senhor Invisível" pela habilidade em juntar peças, que alguns chamam de coincidências, e acreditem, os neurocientistas, um dia, também poderão explicar esses acontecimentos pelo ponto de vista do cérebro.

A toda minha família por acreditar no meu trabalho e, em especial, à minha esposa Márcia e às minhas filhas, Giulia e Pietra, das quais, nos últimos meses, pelo término deste livro, fiquei ausente. Tenho certeza de que elas sabem e entendem que foi por um bom motivo.

Ao Felype Peruzzo, pela dedicação nas traduções de última hora. Aos amigos Fabricio Pamplona, Bonifácio Watanabe, Luciano Salamacha, Robson Gonçalves, Claudio Shimoyama e Edelcio Jacomassi por me premiarem com uma amizade de irmandade e uma troca de conhecimento única, em áreas diversas.

Agradecimentos

A todos os professores, coordenadores, diretores e amigos da FGV Management.

E a todos os meus alunos, em especial ao aluno José Chavaglia Neto, que coordenou e gerenciou o conteúdo deste livro. Esse menino vai longe!

Muito obrigado a todos.

Marcelo Ivanir Peruzzo

Agradeço à minha esposa Thaís e ao meu filho Luigi, que são a razão da minha vida.

Aos meus pais, Levi e Marly, pelo apoio incondicional e pelo amor de toda uma vida.

À minha sogra Marlene Bonan e ao meu sogro Italo Calliari.

A toda minha família. Aos meus amigos.

Ao meu amigo e mestre Marcelo Peruzzo, pela generosidade de ter me convidado a participar desse projeto e pela paciência de ensinar sua metodologia de trabalho para este aprendiz.

Ao meu amigo e orientador no doutorado, José António Filipe, do Instituto Universitário de Lisboa.

Agradeço também ao jovem Thyago Peruzzo por toda sua dedicação e eficiência na operação das pesquisas.

À diretora do NMSBA, Carla Nagel, por apoiar essa iniciativa, que busca desenvolver e ampliar o número de adeptos do neuromarketing no Brasil.

E, por fim, agradeço aos meus alunos, para quem destino todo o meu esforço na produção deste trabalho.

José Chavaglia Neto

Bibliografia

AKERLOF, G. A.; SHILLER, R. J. O espírito animal. Rio de Janeiro: Campus, 2010.

ALVARENGA, G. Noradrenalina, dopamina e serotonina. Disponível em:<http://www.galenoalvarenga.com.br/tag/neurotransmissores>. Acesso em: 22/12/2012.

AMTHOR, F. Neuroscience for dummies. Mississauga: John Wiley & Sons Canadá, 2012.

ANDREA, R.; CÔNSOLI, M.; GUISSONI, L. Shopper Marketing. São Paulo: Atlas, 2011.

APPIGNASESI, R.; ZARATE, O. Entendendo Freud: um guia ilustrado. São Paulo: Leya, 2012.

ARIELY, D.; BERNS, G. Neuromarketing: the hope and hyde of neuroimaging in business, Nature Reviews Neuroscience, vol.11, p. 284-292, 2010.

BERNS, G. The Iconoclast. Boston: Harvard Business Press, 2010.

BLACKESLEE, S. If you have a 'buy button' in your brain, what pushes it? The New York Times, New York, 2004.

BORN, A. Neuromarketing: o genoma do marketing, o genoma das vendas, o genoma do pensamento. São Carlos: Suprema, 2007.

BOWMAN, N. A.; BASTEDO, M. N. Anchoring effects in world university rankings: exploring biases in reputation scores, Higher Education, vol. 61, p. 431- 444, 2010.

BRESSAN, R.A.; BIGLIANI, V.; PILOWSKY, L.S. *Neuroimagem de receptores D2 de dopamina na esquizofrenia*, Revista Brasileira de Psiquiatria, vol. 23, p. 01-06, 2001.

BRIZENDINE, L. *The male brain*. New York: Three Rivers Press, 2010.

———. *The female brain*. New York: Three Rivers Press, 2006.

BRODIE, R. *O vírus da mente*. São Paulo: Cultrix, 2009.

CÁCERES, F. *História do Brasil*. São Paulo: Moderna, 1996.

CARPENTER, J. P.; MATTHEWS, P.H. *Beliefs, intentions and emotions: old versus new psychological game theory*. Middlebury: Departament of Economics Middlebury College, 2003.

CARSON, S. *O cérebro criativo*. Rio de Janeiro: Best Seller, 2012.

Cayuela, O. M. et al. *Neuromarketing: para recobrar a confiança com os clientes*. Rio de Janeiro: Qualitymark, 2011.

CHAPMAN, G. B.; JOHNSON, E. J. *Anchoring, activation, and the construction of values*, Organizational Behavior and Human Decision Processes, vol. 79, p. 115-153, 1999.

CHAPMAN, G. B.; BORNSTEIN, B. H. *The more you ask for, the more you get: anchoring in personal injury verdicts*, Applied Cognitive Psychology, vol.10, p. 519-540, 1996.

CHAVAGLIA, J.N.; FILIPE, J.A.; RAMALHEIRO, B. *Neuromarketing: consumers and the anchoring effect*, International Journal of Latest Trends in Finance & Economic Sciences, vol. 1, n. 4, 2011.

CHAVAGLIA, J.N.; FILIPE, J.A. *A view of common property through neuroeconomics in the context of decision – making processes*, International Journal of Academic Research, vol. 3, n. 3, part I, may, 2011.

COHEN, D. *A linguagem do corpo*. São Paulo: Vozes, 2011.

CORTELA, M. S. *Não espere pelo epitáfio: provocações filosóficas*. Rio de Janeiro: Vozes, 2011.

CUSICK, W. J. *Todos os clientes são irracionais*. Rio de Janeiro: Campus, 2010.

DAMÁSIO, A. R. *O livro da consciência: a construção do cérebro consciente*. Lisboa, Temas e debates: Círculo de leitores, 2010.

DANNETT, D. *The intentional Stance*. Cambridge, Massachusetts: MIT Press, 1987.

DAUM, K. et al. *Video marketing for dummies*. New Jersey: John Wiley & Sons, 2012.

DAWKINS, R. *The greatest show on Earth*. New York: Free Press, 2009.

DAWKINS, R. *O gene egoísta*. São Paulo: Companhia das Letras, 2007.

DEMSKI, L.S.; NORTHCUTT, R.G. *The terminal nerve: a new chemosensory system in vertebrates?*, Science, vol. 220, n. 4595, p. 435-437, 1983.

DOOLEY, R. *Como influenciar a mente do consumidor*. Rio de Janeiro: Campus, 2012.

EAGLEMAN, D. *Incógnito: as vidas secretas do cérebro*. Rio de Janeiro: Rocco, 2011.

EDUARDO, J. C. *Neuroeconomia*. Lisboa: Sílabo, 2009.

EHRBECK, T.; WALDMANN, R. *Why are professional forecasters biased? Agency versus Behavioral Explanations*, Quarterly Journal of Economics, vol. 111, n. 1, p. 21-40, 1996.

EKMAN, P. *Uma conversa entre Dalai Lama e Paul Ekman: consciência emocional*. São Paulo: Prumo, 2008.

EKMAN, P. *A linguagem das emoções*. São Paulo: Lua de Papel, 2003.

ELBANNA, S.; ALI, A. J.; DAYAN, M. *Conflict in strategic decision making: do the setting and environment matter?*, International Journal of Conflict Management, vol. 22, n. 3, p. 278-299, 2011.

FILIPE, J. A.; COELHO M.; FERREIRA, M. A. M. *The importance of the enlargement of economic exclusive zones for the fisheries*, International Journal of Academic Research, vol. 1, n. 2, p.158-161, 2009.

FUGATE, D. L. *Marketing services more effectively with neuromarketing research: a look into the future*, Journal of Services Marketing, vol. 22, p. 170-173, 2008.

GAKHAL, B.; SENIOR, C. *Examining the influence of fame in the presence of beauty: an electrodermal neuromarketing study*, Journal of Consumer Behaviour, vol. 7, p. 331-341, 2008.

GARCIA, J.R.; SAAD, G. *Evolutionary neuromarketing: Darwinizing the neuroimaging paradigm for consumer behaviour*, Journal of Consumer Behaviour, vol. 7, p. 397-414, 2008.

Gattass, R. et al. *Fundamentos de ressonância magnética funcional*. Rio de Janeiro: UFRJ, 2011.

GIGERENZER, G. *O poder da intuição: o inconsciente dita as melhores decisões*. Rio de Janeiro: Best Seller, 2009.

GINGER, S. *Gestalt: A arte do contato*. Petrópolis: Vozes, 2007.

GINO, F.; PISANO, G. *Toward a theory of behavioral operations*, Harvard Business School, Boston, 2007.

GLADWELL, M. *O ponto da virada*. Rio de Janeiro: Sextante, 2009.

GLADWELL, M. *Blink: A decisão num piscar de olhos*. São Paulo: Roxo, 2005.

GOLDBERG, S. *Neuroanatomia Clínica: ridiculamente fácil*. Porto Alegre: Artmed, 2010.

GREGERMAN, A. S. *Gênios: Como despertar a genialidade na sua empresa, na sua equipe e em você*. São Paulo: Gente, 2008.

GUÉGUEN, N. *Psicologia do consumidor*. São Paulo: Senac, 2010.

GUNELIUS, S. *Marketing nas mídias sociais em 30 minutos*. São Paulo: Cultrix, 2012.

HARDIN, G. *The Tragedy of the Commons*, Science, 162, p.1243-1248, 1968.

HART, C. *Segredos da serotonina*. São Paulo: Cutrix, 2010.

HERCULANO-HOUZEL, S. *Pílulas de neurociência: para uma vida melhor*. Rio de Janeiro: Sextante, 2009.

HOWARD, P. *The owner's manual for the brain*. Austin: Bard Press, 2006.

JACOBS, C. *A nova lógica (incoerente) da administração*. Rio de Janeiro: Campus, 2010.

JACOWITZ, K. E.; KAHNEMAN, D. *Measures of anchoring in estimation tasks*. Personality and Social Psychology Bulletin, vol. 21, p. 1161-1166, 1995.

KAHNEMAN, D. *Rápido e devagar: duas formas de pensar*. Rio de Janeiro: Objetiva, 2011.

KAHNEMAN, D.; TVERSKY, A. *Época negócio*. Rio de Janeiro: Globo, 2009.

KAHANEMAN, D.; KITSCH, J.L.; THALER, R. *Experimental tests of the endowment effect and the Coase theorem*, Journal of Political Economy, vol. 98, p. 1325-1348, 1990.

KAWASAKI, Guy. *Encantamento: a arte de modificar corações, mentes e ações*. Rio de Janeiro: Alta Books, 2011.

KLONTZ, B.; KLONTZ, T. *A mente acima do dinheiro*. Osasco: Novo Século, 2011.

KOCH, R. *O estilo 80/20*. Rio de Janeiro, Sextante, 2009.

KOTLER, P. *Administração de marketing*. São Paulo: Prentice Hall, 2000.

KOTLER, P.; ARMSTRONG, G. *Princípios de marketing*. São Paulo: Prentice Hall, 1998.

KROGERUS, M.; TSCHAPPELER, R. *The decision book*. London: Profile Books, 2008.

LEHRER, J. *O momento decisivo: o funcionamento da mente humana no instante de escolha*, Best Business, 2009.

LEVITT, S.D.; DUBNER, S.J. *Freakonomics*. New York: Harper, 2009.

LEVY, N. *Neuromarketing: Ethical and Political Challenges*, Ethics & Politics, vol. XI. Melbourne, 2009.

LIMA, M.; SAPIRO, A.; VILHENA, J. B.; GANGANA, M. *Gestão de Marketing*. Rio de Janeiro: FGV, 2005.

LINDSTROM, M. Brandsense: *Segredos sensoriais por trás das coisas que compramos*. Porto Alegre: Bookman, 2012.

LINDSTROM, M. *Brandwashed*. New York: Crown, 2011.

LINDSTROM, M. Buyology: *How everything we believe about why we buy is wrong*. Londres: Random House Business Books, 2008.

LOPES, J. C.; ROSSETI, J. P. *Economia monetária*. São Paulo: Atlas, 1993.

LUQUE, C. A.; SCHOR, S. M. *Manual de macroeconomia*. São Paulo: Atlas, 2000.

MADRUGA, R. *Guia de Implementação de Marketing de Relacionamento e CRM: o que e como todas as empresas brasileiras devem fazer para conquistar, reter e encantar seus clientes*. São Paulo: Atlas, 2004.

MARTIN, N. *Hábitos de consumo*. Rio de Janeiro: Campus, 2009.

MARX, K. *Para a crítica da economia política: salário, preço e lucro; o rendimento e suas fontes: a economia vulgar*. São Paulo: Abril Cultural, 1982.

MEDINA, J. *Ninguém presta atenção em coisa chata*. Scientific American (mente & cérebro). São Paulo: Duetto, 2010.

MEDINA, J. *Brain rules*. Seattle: Pear Press, 2008.

MATESCO, V. R. *Economia aplicada*. Rio de Janeiro: FGV, 2007.

MLODINOW, L. *Subliminal*. New York: Pantheon, 2012.

MONASTERIO, A. *Las Implicaciones Morales de la neuroeconomia*. San Sebastian: Fronésis, 2005.

MURPHY, B. R.; ILLES, J.; REINER, P.B. *Neuroethics of neuromarketing*. Journal of Consumer Behaviour, vol. 7, p. 293-302, 2008.

MUSSWEILER, T. *The durability of anchoring effects*, European Journal of Social Psychology, vol. 31, p. 431-442, 2001.

MUSSWEILER, T.; STRACK, F. *Hypotesis-consistent testing and semantic judgments under uncertainty: the role of knowledge in anchoring*, Journal of Experimental Social Psychology, vol. 36, p. 495-518, 2000.

MUSSWEILER, T.; STRACK, F. *Hypothesis-consistent testing and semantic priming in the anchoring paradigm: a selective accessibility model*, Journal of Experimental Social Psychology, vol. 35, p. 136-164, 1999.

NASCIMENTO, L. *Gestores de pessoas*. Rio de Janeiro: Qualitymark, 2006.

NOGAMI, O.; PASSOS, C. R. M. *Princípios de economia*. São Paulo: Pioneira, 1999.

OVADIA, D. *O prazer de doar*, Scientif American, n. 215, São Paulo, Duetto, 2010.

PETERS, T. *O círculo da inovação*. São Paulo: Harbra, 1998.

PINDYCK, R. *Microeconomia*. São Paulo: Pearson, 2002.

PINK, D. H. *A whole new mind*. New York: Riverhead Books, 2006.

PLOUS, S. *Thinking the unthinkable: the effects of anchoring on likelihood estimates of nuclear war*, Journal of Applied Social Psychology, vol. 19, p. 67-91, 1989.

PRADEEP, A. K. *O cérebro consumista*. São Paulo: Cultrix, 2010.

PRADEEP, A. K. *The buying brain*. New Jersey: John Wiley & Sons, 2010.

PREAT, D. *Unconscious branding*. New York: Palgrave MaCmillan, 2012.

PREDEBON, J. *Criatividade hoje: Como se pratica, aprende e ensina*. São Paulo: Atlas, 2003.

RENVOISÉ, P.; MORIN, C. *Neuromarketing: o centro nevrálgico da venda*. Lisboa: Smartbook, 2009.

ROBERT, J. M. *O cérebro*. Lisboa: Instituto Piaget, 1994.

RODRIGUES, F. *Influência do Neuromarketing nos processos de tomada de decisão*. Viseu: Psicosoma, 2011.

RUSHKOFF, Douglas. *As 10 questões essenciais da era digital*. São Paulo: Saraiva, 2012.

SANDRONI, P. *Novíssimo dicionário de economia*. São Paulo: Best Seller, 2007.

SCHUMPETER, J. A. *Teoria do desenvolvimento econômico*. São Paulo: Abril Cultural, 1982.

SEMENICK, R. J.; BAMESSY, G. T. *Princípios de Marketing: uma perspectiva global*. São Paulo: Makron Books, 1995.

SIMONSOHN, U.; KARLSSON, N.; LOEWENSTEIN, G.; ARIELY, D. *The tree of experience in the forest of information: overweighing experienced relative to observed information*, Games and Behavioral Economics, pp. 62, 263-286, Elsevier, 2008.

STRACK, F.; MUSSWEILER, T. *Explaining the enigmatic anchoring effect: mechanisms of selective acessibility*, Journal of Personality & Social Psichology, vol. 73, p. 437-446, 1997.

TAYLOR, W. C.; LABARRE, P. *Inovadores em ação*. Rio de Janeiro: Sextante, 2008.

THALER, R. H.; SUNSTEIN, C.R. *Nudge*. Lisboa: Academia do Livro, 2008.

TOLEDO, G. L. *Memética: A invasão das mentes*. Filosofia. São Paulo: Escala, 2010.

TVERSKY, A.; KAHNEMAN, D. , *Judgments of and by representativeness*, Cambridge Universit Press, pp. 84-98, 1982.

TVERSKY, A.; KAHNEMAN, D. *The framing of decisions and the psychology of choice*, Science, News Series, vol. 211, n. 4481, pp. 453-458, 1981.

TVERSKY, A.; KAHNEMAN, D. , *Judgment under uncertily: heuristics and bieses*, Science, 1974.

UNDERHILL, P. *Vamos às compras: a ciência do consumo*. Rio de Janeiro: Campus, 1999.

VARIAN, H. *Microeconomia: princípios básicos*. Rio de Janeiro: Campus, 2006.

Vecchiato, G. et al. *The issue of multiple univariate comparisons in the context of neuroelectric brain mapping: an application in a neuromarketing experiment*. Journal of Neuroscience Method, vol. 191, p. 283-289, 2010.

VERGARA, S. C. *Projetos e relatórios de pesquisa em administração*. São Paulo: Atlas, 2004.

WILSON, T. D.; HOUSTON, C. E; ETLING, K. M.; BREKKE, N. A *new look at anchoring effects: basic anchoring and its antecedents*, Journal of Experimental Psychology: General, vol. 125, p. 387-402, 1996.

WHITMAN, D. Cashvertising: *100 secrets of ad-agency psychology*, Carrer Press, 2009.

ZATZ, M. Genética: *Escolhas que nossos avós faziam*. Rio de Janeiro: Globo, 2011.

Índice

5HTT, 144

A

Abraham Maslow 8
Adenina 67, 68
adrenalina 79
AGCT, 67
Albert Einstein, 3
Ambrose Bierce, 53
amígdala 8, 200, 214
AoIs, 111
Apple 37, 44, 200, 202
Area of Interest 111

Atividade eletrodermal 91
Axiomas, 195

B

Blaise Pascal, 89
BOLD 96
Brandz, 37

C

Carl Jung, 223
cerebelo 55, 56, 64
Cérebro
    lobos, 56, 82

Superego, 9
Ego, 9
Hemisférios, 58
Neocórtex, 55
Tálamo, 62
cortéx, 63
Memória, 81
Ondas cerebrais, 118
Citosina 67
Cluster 109, 110
Coca-Cola xxiii, 37
Coke Classic 38

condutância de pele 62, 92,
Cores, 167
Cortéx, 63
    pré-motor 73
cortisol 75, 104
cromossomos 67, 68

D

Dalai Lama, 120
DHEA, 104
diencéfalo 61
DNA, 66

dopamina 44, 78
Dopamina, 78
Dorsal 58
Dupla hélice 67

E

EDA, 91
EEG, 83, 117
Ego, 9
Eletroencefalograma 95
estrogênio 79, 80
Eye tracking, 107
    indicadores, 169

F

Face reading 99, 100
    indicadores, 167
Facebook 71, 207

G

gânglios da base 63, 64
Gangman Style, 156
Gaze plot 109, 110
genes 18, 66, 68
Genética, 66
Google Trends xxiv, xxv
Google xxiv, 37
Grego tholos, 62
Guanina 67

H

Heat map 109, 110,
hipocampo 8, 63, 82, 83
hipotálamo 8, 62, 63, 79
Hormônios 62, 79, 103
Hyuna 164

I

IBM 37
id 6, 7, 8, 9
Immanuel Kant, 125
iPad 43, 44
IRMf, 95

L

lobo frontal 28, 56
lobo occipital 57, 216
lobo parietal 57, 82
lobo temporal 57, 82

M

Magnética Funcional
Marc Hause, 131
Mark Zuckerberg, 209
Mary Shelley, 141

Matriz PC/Neuro, 191
McDonalds 37
melatonina 79, 80, 104
Memética 68, 71, 75, 76, 81
Memória, 81
    de longo prazo 83
    declarativa 82
    sensorial 82, 83
Mente emocional, 23
Merchandising, 181
mesencéfalo 64
Microsiemens, 92
Microsoft 37, 121
middle brain 10
Minha Casa Minha Vida, 41

N

Neocórtex 7, 55
Neuromarketing, 61

neurônio-espelho 41, 74
neurotransmissores 25, 77, 03
new brain 10
New Coke, 38
NMSBA, xix
Noldus Technology 163
nucleotídeos 67

O

O gene egoísta, 71
O poder do meme, 74
old brain 10
Ondas cerebrais, 118
Opacidade 109, 110
Oscar Wilde, 205
oxitocina 79

P

Patrick Ranvoisé, xvii
Paul Ekman 99, 235
Paul MacLean 7
Pedro de Camargo, xv
Perfis salivares 103, 104
plano coronal 98
plano sagital 98
PPF, 109
Psy, 155

R

R-complex 7
Red Bull 39
Redes sociais, 207
René Descartes, 153

Ressonância magnética, 95
Richard Dawkins 71

S

serotonina 46, 78
Serotonina, 78
Sigmund Freud 6
sinapses 77
sistema endócrino 62
sistema límbico xiv, 8, 58
SNPS, 68
Steve Jobs, 33
substância negra 64, 78
superego 6

T

tálamo 8, 57, 60, 62, 63
Tálamo, 62
testosterona 79, 80, 104
Timina 67
TPF, 111

V

ventral 58
William Bateson, 65